The Selected Poems of Oleh Lysheha

for Rosia

from Oleh

28. IV. 2006

Cambridge, Massachusetts

The Selected Poems of Oleh Lysheha

Translated by the author
and James Brasfield

Distributed by Harvard University Press
for the
Ukrainian Research Institute, Harvard University

Publication of this volume has been made possible by the generous support of Oleksij Zaporozez, benefactor of Ukrainian studies at Harvard University.

Ukrainian poetry: "Song 551," "Song 352," "Song 822," "Dog," "Father," "Horse," "Hawk," and "He" first appeared in the collection *Velykyi Mist* (Kyiv: Molod', 1989). "Song 551," "Song 352," and "Song 822," were reprinted in the anthology *Visimdesiatnyky,* (Edmonton: CIUS Press, 1990). *Friend Li Po, and Brother Tu Fu* first appeared in *Suchasnist',* November 1992. "Fox" first appered in *Svito-vyd* 3(8) 1992. "Carp," "Swan," and "Doll" first appeared in *Suchasnist',* 1994(3).

Translated poetry: "Song 352" and "He" appeared in *From Three Worlds: New Writing From Ukraine* (Somerville: Zephyr Press, 1996). "Swan" was first published in *Agni 48.* "Song 551" appeared in *The Literary Review.*

ISBN 0-916458-90-3

This book has been printed on acid free paper.
Printed in Canada by Transcontinental Printers, Métrolitho Division.

The Ukrainian Research Institute was established in 1973 as an integral part of Harvard University. It supports research associates and visiting scholars who are engaged in projects concerned with all aspects of Ukrainian studies. The Institute also works in close cooperation with the Committee on Ukrainian Studies, which supervises and coordinates the teaching of Ukrainian history, language, and literature at Harvard University.

for Oksana and Vera

Contents

Acknowledgements

I would like to thank Michael Naydan for introducing me to Ukrainian poetry and for his generosity over the years. Thanks, too, to Volodymyr Dibrova for his encouragement and support of this project and for his work with me on "Song 822." This volume would not have been conceived without a Council for International Exchange of Scholars' Fulbright grant to Ukraine. To Muriel Joffe of CIES, a special thanks. And to my wife Charlotte Holmes, my appreciation for her insightful suggestions at the moments of stasis, and my gratitude for her knowing patience with my sojourns in Ukraine.

James Brasfield

Foreword

George G. Grabowicz

In the spring of 1987, during an extended research stay in Kyiv I attended a poetry reading by what were billed as "new" (or was it "young"?) and "unpublished" poets. Nowadays an event of this kind would not be noteworthy here—in the years since, poetry readings had become first a regular occurance, and then passé—but in the early months of a perestroika that was characteristically slow in coming to Ukraine this was a major concession by the authorities, a rollback of the stupefying controls of official literature. My first impressions proved to be long lasting. The house was full. (No surprise there.) For some reason the event was held in the Composers' Union building, although that union, like all the other artists unions in Ukraine—then and now—was mainly engaged in preserving the privileges of those in power and keeping all reformers and dissidents at bay. Notably absent were the poets of the sixties, the "shistdesiatnyky" who at that time were considered by many, especially in the West, to be the very essence and conscience of Ukrainian poetry. This illusion was soon dispelled. From the perspective of post-Soviet Ukrainian literature, in the very first years of independence in fact, it became clear that the generation of the sixties, with their collectivist and quasi-dissident rhetoric, their tribunicial gestures, their sentiment and pathos, were an integral part of the Soviet scene; without that totalitarian context, its strictures and censorship, and especially its pervasive parochialism, these poets were rudderless, at the very least—out of focus. Their implicit boycott of that first "post-Soviet" reading may well have been intuitive, even perspicacious: change was in the air and the bedrock on which both ideology and poetic reputations were built was turning into sand. As also became apparent in time, cross-generational contacts and solidarity across this or any other divide were as rare in poetry as in other aspects of Ukrainian life. Groups and generations were one thing, but ultimately you were on your own.

The poets who read their work that evening were neither "new" nor really young, and while none of them had a book to his name, they had all already appeared in print. Stylistically they were a diverse lot: Mykhailo Sachenko, who by age and temperament should have been a member of the "shistdesiatnyky," but who had run afoul of censorship, and had not been published, and was thus spared that honor; Oleksandr Hrycenko, who soon turned his wit and intellectual energy to criticism and culturological work; Mykola Vorobiov, who was then and still remains a major poet and a prime representative of the so called Kyiv School of Poetry, which through intellectual control, political uninvolvement, and the value of pure poetry, sought to provide an antidote to the populist and middlebrow poetics of both the "shistdesiatnyky" and of "official" Soviet poetry.

But the one who stood out was Oleh Lysheha, who read last. He read only three or four poems ("Song 551" and "Song 352," and I seem to recall "Song 822"). The effect was electrifying—as good as the others had been, this was a poetry in a category of its own. It was so obviously authentic, and both translucent and yet somehow mysterious in its directness and seeming simplicity. It radiated the experience of a Zen Buddhist contemplation—spare, ironic, resigned. And uniquely empowered to perceive the spiritually momentous in the seemingly insignificant.

Lysheha's poetry turned out to be doubly unique, however. (First impressions apart, this is something that emerges only from a closer contact with the text.) To the same extent that it is endowed with strikingly new qualities, it lacks, or rather avoids, certain features that had seemed essential for Soviet Ukrainian poetry. It is devoid of pathos, and rhetoric, and the sense of an implicit popular audience, and with it the poet's implied task of addressing (loudly) the entire nation. It also avoids the rhyme and meter and overt instrumentation that has remained canonic in Ukrainian poetry. It is, in short, a poetry radically different from the Soviet mainstream and quite distinct from the usual run of émigré and dissident poetry. Both at that reading and in his first published appearances Lysheha seemed condemned to be in a category by himself. But the road to this splendid isolation was neither short nor straight. In fact, the poetry reading we began with was more the midpoint than the beginning of Lysheha's poetic career.

Oleh Lysheha was born in 1949 in Tys'menytsia in western Ukraine. In the late 1960s he began his studies at L'viv University majoring in foreign languages, in effect focusing all his attention on English and American literature. He began to translate the poetry of Ezra Pound, T. S. Eliot, D. H. Lawrence, Sylvia Plath, and William Carlos Williams and the prose of Mark Twain and Malcolm Lowry. At the beginning of the 1970s he became involved in an "unofficial" (and hence "underground") literary group along with the poet and critic Mykola Riabchuk, the singer and song-writer Viktor Morozov, and the critic Roman Kis. The unofficial leader of the group was the charismatic poet Hryhorii Chubai (also born in 1949). In 1971 the group prepared and disseminated in *samvydav* (*samizdat*) fashion a literary almanac it called *The Chest* (*Skrynia*). The second issue of *The Chest* was confiscated by the KGB in January 1972 as part of its countrywide crackdown on Ukrainian "bourgeois nationalism." The group was disbanded and its members penalized: most were dismissed from school (Riabchuk from the Polytechnical Institute; Lysheha, with one semester to go, from L'viv University; so also Viktor Morozov). The "ringleader," Chubai, was arrested. (He was soon let go, but with his release the KGB spread the rumor that he had collaborated with them. The patriotic and dissident intelligentsia bought into this slander, finding in it, as Mykola Riabchuk argues, justification for its own timidity.[1] In the late 1970s this slander was still making the rounds in émigré circles in North America—with no voices raised, as I recall, on his behalf. Isolated, alienated, and under a cloud of suspicion, Chubai died in 1982.) Once out of the university, Lysheha was drafted into the Soviet army. The only text he took with him, as Riabchuk recalls, was a Polish edition of the novels of Albert Camus. At first Lysheha spent some time near Moscow, but then was transferred to the Autonomous Buriat Republic in the Soviet far East. With his background in English, he was allowed to leave his army post twice a week to teach that subject in a local school. In 1975 Lysheha left the army and returned to Ukraine, settling first in Tys'menytsia and then in L'viv, where he worked at various odd jobs. In the '80s he found work as a decorator at the Karpenko Karyi Theatrical and Cinematic Institute in Kyiv. By all indications, he was always on the brink of indigency.

However marginalized in terms of career and official recognition, Lysheha did manage to bring some of his poetry to the reader. He published his first collection of poetry, "Winter in Tys'menytsia," in 1977 in *samvydav* fashion. The very titles of the nine poems, randomly numbered "songs" ranging in non-sequential order from 2 to 822 (three of which are included in this edition), appear as sly, (self)parodic allusions to a huge corpus safely out of reach of both reader and censor. On a deeper level, they suggest an ongoing, endless, and programmatically unordered logbook, a massive *silva rerum,* where any event, in effect any experience, can rise to esthetic and contemplative significance. Even if little or no critical attention was then being paid to Lysheha, his poems did circulate, hand to hand, and some were in fact made into songs by Viktor Morozov. In 1981–82 Mykola Riabchuk wrote a cycle of poems which he called "Winter in L'viv"—consciously modeling himself, as he says, on Lysheha. (The collection was published only in 1989, with the thaw of perestroika.) When the climate changed, when independence was in the air, the subtle message of Lysheha's perception not only of the long winter, but of the inner stance needed to face it, became more apparent. In his article on "The Poets of the Long Winter" Oleksandr Hrycenko takes his cue from the final line of "Song 822"— "Oh god, give us strength to face the winter"—to describe a whole poetic generation hunkering down to survive the ice age of "real socialism" and socialist realism.[2]

Still, in the 1980s some of Lysheha's poetry was published—in the journal *Vsesvit*, in a collection called *Resonant Spring* (or 'Resonant Fountain'; *Dzvinke dzherelo*) and in *Sails* (*Vitryla*), a 1985 anthology of "young" poetry, prose, and criticism edited by Mykola Riabchuk. Lysheha's first book of poetry, however, a slim volume entitled *The Great Bridge* (*Velykyi mist*), appeared only in the breakthrough year of 1989. Fittingly, the publisher was the Communist Youth League (who were, after all, charged with nurturing the country's youth), and the series it appeared in was no less aptly named *The Poet's First Book* (*Persha knyha poeta*). It contained nine poems in a section entitled "Winter in Tys'menytsia" and twice as many in a second, eponymous section, "The

Great Bridge"; Lysheha also designed the cover. At the time he was forty and had been writing poetry for about twenty years.

The 1990s were somewhat kinder to Lysheha—although the present edition is still only the second of his books to come out in print. A Ukrainian edition of his newer poetry, formally approved by the Union of Writers, and edited and typeset, never saw the light of day because the union, like most other cultural or near-cultural institutions, ran out of funds (at least for some projects); under the new semi-market and semi-communist conditions the government of the new independent state of Ukraine also saw no need to "excessively" subsidize culture (or, save for the barest minimum, education either). For his part, Lysheha was much too improvident to manage complex tasks like getting publication grants or subsidies. Nevertheless, much of his work did appear in print: the play *Friend Li Po, Brother Tu Fu,* translations from Ezra Pound and D. H. Lawrence, an essay on poetry (focusing on these two poets, but also on Mykola Vorobiov), "The Flute of the Earth and the Flute of Heaven"— all in one issue of the formerly Munich- and New York-based, and now, since independence, Kyiv-based journal *Suchasnist',*[3] and another essay (which is more like a memoir and free-form meditation) "Adamo et Diana," in the Kyiv- and New York-based *Svito-vyd.*[4] Both of these leading literary journals have also published Lysheha's recent poetry.[5]

Whether recent or early, Lysheha's is an elusive kind of poetry—which may partially explain the reluctance, or inability, of critics to engage it. On the surface it may appear simple and direct—and direct it is in its total commitment to experience, to the principle of "no ideas, but in things," to its principled avoidance of all "literary" artifice—but as one follows along its path there are those curious thickets, and shadows, and fox burrows into which one is continually stumbling. And forgetting that there was originally a path. As in the hide-and-seek game with the moon that the narrator of "Swan" seems to be playing at the outset of the poem, the "idea," the "point" of the poem seems to be simultaneously present, and absent, and "elsewhere." It is ambient, or rather coterminous with the process, with the experiencing and the locution of the poem itself. In "Father," for example, this is intimated by the way time stops as in a freeze frame, and the recollected moment is both present in an eternal now and at the same time inexorably lost "in the ever faster current" of the river.

Immanence is, of course, a universal quality of poetry (most of us do hold that a poem does not mean—it is). But it is also a stylistic and esthetic stance much more prevalent in the West than in the poetic tradition from which Lysheha is coming and against which he is defining himself. The freshness and urgency with which he rediscovers this quality, however, gives his poetry a resonance that goes far beyond his native tradition.

As much as it is direct, and utterly committed to sensual experience—which is also a commitment to the uniqueness of the moment— it is a poetry that is powerfully decentered, and radically revisionist— not so much with respect to received wisdom (like his other contemporaries Lysheha is simply not interested in debunking such or other ideologies, and on the other hand he is basically tolerant, even receptive of traditional customs and lore) as of social conditioning, of civilization as such. The world of Lysheha's poetry is remarkably free, or simply innocent of society's strictures, beliefs and hierarchies. Objectively, that is, from society's point of view, this is the world of the margins, the losers—of rural and suburban (East European suburban!) poverty, of the detritus, the shards and the derelicts of civilization. Not many people appear, and those that do are "little" or "common" people. No "social," let alone "political" or "national" issues are broached. The very texture of the poetry would take such "issues"—as we may infer from "Song 822," where there are indeed intimations of man-made semiotic systems (Latin, grammar, dictionaries and so on)—and reduce them to shards, to units of meaning no more privileged than "a few crows...dusted with frost." In contrast to the poetics of "gritty realism" of various times and places, this world is simply not defined by the absence of society's goods and values. Quite the contrary—it is self-sufficient, authentic and uniquely empowered. Clearly this is because it is so intensely personal—but this is to state the obvious.

The locus, I think, of this poetry's unique empowerment and unexpected freshness is its sense of a primal and irreducible, but for most quite imperceptible unity of all natural things. In the beautifully tuned poem "Horse" this is intimated through archaic—indeed timeless— memory, the horse's knowledge that the alder tree is in fact "a relative of the ichtyosaurus," and that man, when still in his infancy, "having stepped back from the wall/ And, delighted, rubbing clean/ His blood-soaked hands" and seeing the horses still outdistance him in their superior speed and knowledge strikes out in fear and inflicts the "long-festering wound."

Civilization as a wound inflicted on nature is not a new concept, and like much in Lysheha's natural metaphysics it has its roots in Romantic theory and its intimations of immortality, but it appears here not as concept, or even image, but as feeling, as an ache, as the altogether unexpected, but startlingly true commiseration of horse for man—and as such it glistens with mesmerizing power.

Occasionally—for Lysheha it is precisely such moments that define poetic power—the poet is able to merge with nature, be it animal or cosmic. In "Carp," after discovering the dog's brilliant and patient strategy, he feels himself into his body, and intuits his primal memory and thus, finally, as man-dog enters the "heavenly pond." In "Swan," the walk through the woods begins by his joining the moon in a dance that is as much kinetic as it is ontological—presence, absence, and ambience are the very figures of the dance—and continues with the insight that the singing man—it could also have been a wolf—is what keeps the rain falling, and nature one:

> Swaying, he kept on singing..
> Otherwise, he would have fallen
> And the rain stopped..
> He danced his own rain
> Under that tree..
> I can't do such things..
> Perhaps it was a wolf?.

The shamanic undercurrents of this poetry are evident—the ability to hear and understand the languages of nature, to transcend space and time, to shift shapes and take on the identity of the primal other, and, not least of all, the ability to bring back insights for his audience that will help heal the long-festering wound. And while doubting it ("I can't do such things") he in fact can—as the poetry attests. (Thus, too, the slyly plaintive "Perhaps it was a wolf?" is principally a clue that the poet can shift into that shape at will.)

There is a further level, however. As seen through subtle allusions in various poems, but quite directly in *Friend Li Po, Brother Tu Fu*, and programmatically in "Swan," the true, final parameters of the road the poet travels are not out-of-body experiences, the peering into the soul of the totemic brother, but the ultimate questions of life and death and reincarnation. Lysheha's interest in Eastern religions, in Buddhism and Daoism finds here its most subtle and interiorized expression. In "Swan" he finds in the museum case the shoes he wore as prehistoric man, and remembers the people who were later enclosed in the funerary urns. The experience—like all true insights—generates more questions than it does answers: how can one return to reality if one has been to the other side ("Tell me, how does one return?." and "To what place can a man return/ After the sea at night?./ What is left for him?."), and how do we know we will be reborn ("Won't it be forever?."), and, most poignantly, how do we know it will be we who come back, how will we maintain identity ("Is it me?. Have I come back?").

The function of this poetry—of any true poetry—is not to provide the answers, but to ask questions, and to elicit feelings that liberate the spirit. Oleh Lysheha's brilliant strategy, and achievement, has been to weave his experiences, and feelings, and questions in patterns so subtle that they still remain as mysterious as when they were first written. This excellent translation of his work, with the inspired collaboration of the American poet James Brasfield, initiates yet another incarnation of the poet.

Kyiv
June, 1999

---

1. Cf. Mykola Riabchuk, "Vyklyk nebozhytelia," *Den'* 26 January 1999: 7.
2. Cf. Oleksandr Hrycenko, "Poety dovhoï zymy," *Prapor,* 1, 1990.
3. *Suchasnist'* 1992 (11).
4. *Svito-vyd* 1997 (I–II) 26–27.
5. See *Suchasnist'* 1994 (4) and *Svito-vyd* 1998 (I–II) 30–31.

Introduction

James Brasfield

Oleh Lysheha's poems chart journeys of return for a self lost at some distant past, where the sense of wholeness remains in that unrecoverable place. Far from nostalgia, Lysheha moves within the interior, feeling apart from the authentic he knows is close at hand. Moments of vision show how close this is. We behold it and feel it in poems that route the struggle between father and son, exile and return, solitude and community, nature and the contemporary city, ancient Ukraine and "the Ukraine" of three hundred years of Tsarist and Soviet colonialism, and between a newly free Ukraine and the many dark folds of an Iron Curtain that still frames its windows—though, officially, that curtain has fallen.

In Lysheha's poems the sense of guilt accompanying return is the guilt of difference, not of the penitent. If it is prodigal, then only the prodigal as defined by the state and accepted by the culture; such a definition has the weight of reality. Exile begins with the awareness of dehumanization in the credo for "normal," for a "civilized" society— indeed for a day-to-day reality, its subtle perversions and tortures. The seer is adjudged the village idiot, sent away for rehabilitation, or destroyed. Under such pressures, one may look to past cultures—ancient within one's borders, or to the cultures beyond—or to the Nature of reality, as in Stevens' "sound of a few leaves,/ …in the same bare place/ For the listener, who listens in the snow,/ And, nothing himself, beholds/ Nothing that is not there and the nothing that is."

Such seeing—to behold—restores purity to vision and to the self (to be and to hold within mind and heart). Lysheha's poems struggle for the very status of self, one who must redefine civilized life so badly betrayed. It is no wonder that Thoreau's journals and Walden are favorite reading for Lysheha. What deep and humorous pleasure Lysheha has when he reads in Thoreau's journals:

> I am freerer than any planet; no complaint reaches round the world. I can move away from public opinion, from government, from religion, from education, from society…Shall I raise corn and potatoes in Massachusetts, or figs in Asia Minor? Sit out the day in my office in State Street, or ride out on the steppes of Tartary?

Thoreau left his hut at Walden Pond to return home, night after night, to the street enabling his freedom. But during and after Ukraine's colonial history, how does one recognize home or its street, Lysheha asks—How do I recognize myself?—How might I regard, behold, return?

Leonid Brezhnev began a major crackdown on Ukrainian intellectuals in 1972. In Kyiv, the poet Vasyl Stus was arrested and sentenced to five years of forced labor in Mordovia, several hundred miles southeast of Moscow, at the Dubrovlag concentration camp, and three years of exile and forced labor at a Kolyma camp, near Magadan on the shore of the Okhotsk Sea. Nominated by an international committee for the Nobel Prize in 1985, Stus died at the age of 47, a month before the awards were presented, while serving a second sentence of ten years of forced labor at Perm 36, near Kuchino—the most notorious labor camp for political prisoners of the Soviet Union. In Leningrad, 1972 was also the year of Brodsky's expulsion.

At 23, studying English in his fifth year at the State University of L'viv, Lysheha was expelled in 1972 for publishing poems and an essay in the literary magazine, *The Chest* (*Skrynia*). The work was not protest nor of nationalist sentiment, yet violated official aesthetic and ideological dictums. Lysheha was part of the dissident group of writers, sculptors, painters, musicians and critics known in the 1970s as the L'viv Bohema. And in December of 1972, Lysheha was sent into the Soviet Army. An infantryman, he worked as a manual laborer, building a road through a forest sixty kilometers from Moscow. Because of his dissident status, his working near communication centers and missile silos was determined a security risk by the KGB. He was exiled to Buryatia. There, Lysheha worked six months as an office clerk, then six months alone as a village school teacher. He was discharged from the army in 1974, but continued to teach there—initiated into that dark context of Asian literature. The Buryats, many of whom converted to Tibetan Buddhism in the eighteenth century, put up strong resistance to the early Russian presence. In his book *Imperium,* Ryszard Kapuściński describes the Buryatian landscape:

> It is January, the middle of the Siberian winter…whiteness everywhere, blinding, unfathomable, absolute. A whiteness that draws one in, if someone lets himself be seduced by it, lets himself be caught in the trap and falls farther, deep into the whiteness—he will perish. The whiteness destroys all those who try to approach it, who try to decipher its mystery. It hurls them down from mountaintops, abandons them, frozen, on snowy plains… [Siberian Buriyats] bow to its plains, pay homage to its landscapes, continually frightened that from here, from the white depths death will come…

In 1975, Lysheha returned to L'viv and worked odd jobs. A year later he returned to Tys'menytsia, his hometown in the Carpathian region, where he was born in 1949. His mother taught Ukrainian literature and his father was a German language teacher. While in high school in Tys'menytsia, Lysheha commuted after classes to the Ivano-Frankivs'k art school, where he studied painting. His first poems were written in 1971. After his 1972 expulsion, his poems were prohibited from publication until 1988.

After working a year at the fur processing factory in Tys'menytsia, Lysheha moved to Kyiv and worked as a sign painter for the city's parks. In 1979, he took a job as a set builder for The Ukrainian Film Institute. His first book, *Great Bridge* (*Velykyi mist*), was published in 1989. The title alludes "to earth and sky, people and creatures, the idea of lowest and highest. As in the Chinese tradition," Lysheha says, "the bridge is narrow over an abyss, over non-existence." The book is in two parts. Part one, "Winter in Tys'menytsia," written during the winter of 1976, has nine "Songs," more the poems of a hermit than hermetic poems, about Tys'menytsia and his childhood, "place and time as something frozen"—the 1970s as a cold decade. Part two, "Great Bridge," was written in 1983–1984, in Kyiv. Lysheha says that his translations then of poems by Robert Penn Warren and by D. H. Lawrence were transitions for him to a more narrative style, which created what he calls, "the balanced cry" of the book. In his essay, "'We'll die not in Paris…' New Ukrainian Poetry," published in the *Edinburgh Review*, poet and writer Mykola Riabchuk provides a context for Lysheha's *Songs:*

> It is difficult to comprehend just exactly what state principles these hermetic exercises had violated. It is impossible to justify the searches, the confisca-

tions, the expulsions from universities, that mere possession of this material brought about. This kind of absurdity lies at the very heart of the totalitarian system. During Breshznev's….rule, any form of independence and non-conformity was viewed as evidence of "anti-social" revolt, and the unwillingness of literary people to conform to the spirit of Stalinism was viewed as an attempt to undermine the achievements of "developed" socialism and interpreted as an act of "sabotage." The Ukrainian hermetic poetry of the late 1960's and the early 1980's played the same role in Ukrainian society during those years as Italian hermetic poetry played in Italy during the rule of Mussolini.

Lysheha completed the first two acts of his play *Friend Li Po, Brother Tu Fu* in 1979. The third act was completed in 1989. He worked at the Film Institute until 1992, when he took a leave of absence to tour with his play through Eastern Europe and Germany. When he returned, he was fired from the Institute for his leave of absence. In 1993, Lysheha published his long essay "The Flute of the Earth, the Flute of the Sky," a study of D. H. Lawrence's and Ezra Pound's poetry. In 1994, Lysheha was awarded one of the last lifetime apartments for artists, in Kyiv, by the first President of newly free Ukraine, Leonid Kravchuk. Lysheha's second book of poems, *For Fire and Snow*, was scheduled for publication as one of the last books of poems to be published by the state. The book got as far as galleys and remains unpublished because of a lack of funds. The book includes his play and his translations from Lawrence and Pound. The last poems in the book were written in the village of Hlyvakha, "the woods," Lysheha calls it, just south of Kyiv, where he made wood and clay sculptures.

Today, Lysheha spends much time in Tys′menytsia and returns often to L′viv. In 1997, Lysheha was awarded a twelve-month Fulbright grant to the United States, his first visit, where finally he walked the shoreline of Walden Pond.

Lysheha has chosen the poems for this collection. They follow their order from the original tables of contents. At poetry readings, Lysheha recites the *Songs* from memory. Spoken quietly, they are a mixture of melancholy gravity and amusement in the manner of short tales that have been in existence longer than anyone can remember. Lysheha reads the narrative poems without dramatic emphasis. Yet the inherent rhythms and the precise details create a panoramic screen or stage to imagine the poems' episodic structures. The play can be read as a long, dramatic prose poem. Lysheha has spoken of the near impossibility of a faithful production. The play is so wholly written that perhaps the stage directions would require voice-over as not to lose their narrative details, so necessary to the play.

"Song 551" and "He" open and close Lysheha's first book, *Great Bridge.* "Song 551" becomes the appropriate first poem of the *Selected Poems,* introducing the "miraculous" possibility of breaking through a frozen surface, establishing the similarities and divisions between the landscape (its carp) and each of us: "You're alone?/ But you are human, aren't you." And in "Song 352" we are instructed:

> ...go to the snow-bound garden.
> In the farthest corner you'll find
> The lonely hut of the horseradish..
> Yes, it's here, the poor hut of a horseradish..
> Is there a light on inside? — Yes, he's always at home..
> Knock at the door of a horseradish..
> Knock on the door of his hut..
> Knock, he will let you in..

Understanding and sustenance wait beneath the surface of the snow-bound. The simple directive suggests a way of seeing, of solitude, of entering. "Song 822" shows the dilemma of a party of three sorting out winter beyond their borders. Frustrated by the abstract and trivial distance of the others from winter itself—"...on each tree a few crows/ Sit dusted with frost"—the first speaker laments, "Oh God, give us strength to face the winter."

In varying degrees a deep wound is present in each poem of the *Selected Poems.* With "Dog," we pass figuratively through the door of the hut of the horseradish and find the struggle for a little hope. Not yet a fixed part of the landscape, the dying dog "discovers again the huge hare on the horizon," and the "Young nettle," forming a bridge for ants climbing over the dog, is told, "...be kind to him—listen—/ His heart can't endure any more the arc of your leaves..." But the nettle conspires naturally with the place of winter where the dog lies, about to be overtaken, "Like a clot of blackening snow." Nature in opposition to itself, death becomes the brutal return opposed to recovery: "He lifts his head—/ His skull a cobweb of veins.."

"Father," "Horse," and "Hawk" are further variations on the theme of return that deepen in vision and complexity, through *Friend Li Po, Brother Tu Fu* and through the later poems. With "Father," we arrive at the great bridge, earth and sky over the unrecoverable sense of wholeness—the past, time's surface, "Its low eddies," its reflections. The "Horse" speaks from an ancient past, asking, "For what am I if not the prodigal son of the forest?" The horse speaks from the vision of a cave painter, perhaps, even then, prodigal of the tribe. In "Hawk," the speaker asks, "Where will this road lead me?" and "Where is home?/ Perhaps the hawk knows—?" Directions wait behind things, "the door of a horseradish," or the wings of a hawk, suddenly transparent like wings of a butterfly in sunlight.

In "He," the instinctual life in art is the means of survival in this world of difficult returns. The word, the juniper's acrid drop, bleeds from "the native and stony ground." (I think of Elizabeth Bishop's "The Man-Moth," "one tear, his only possession, like the bee's sting.") Yet a bird can't eat a whole blackberry, "But tortures it, sprinkles the ground with juice," is prodigal and, like the poet, is "hungry still" and moves on. The contrast between a bird's hunger and human longing is clear, yet the mirroring transforms each image into a dual revelation about longing. Perhaps the hut of the horseradish is only a reprieve in a much longer journey. Contrasted images dramatize the complexity of return, and in the later poems the patterns of division widen with strategies of shifting points of view and elliptical plots:

> Signs in some order..
> But what is it — paper?
> Does a hand know it?…

Friend Li Po, Brother Tu Fu "A Mystery," investigates the crime where nearly every action is a reaction resulting from a world view where borders are marked by raked earth and strung with barbed wire, where soldiers patrol with their dogs, where sirens sound and search-lights wheel at escape, where those who attempt escape are shot dead. We come to know the deep fear in seeing a plot of raked earth, "A border, bearing no imprint of a bird or human on its surface — a pure absolute." And given how the fear has been assimilated, how does one cross borders, not knowing—apart from imaginings, dreams, and hearsay— what lies beyond when borders are opened? How complicated the first

step is, the second, etc….how vulnerable. What happens when the spir-
its of Li Po and Tu Fu, poets who've transcended borders of time and
place and remain close to the natural realm, wander through such a
world?

The characters of Maiden and Young are parallels of existence.
Both, blinded by where they are, are "looking" beyond the wall. Is their
vision a myth of escape or a complicated dream? Young, "blind" to oth-
ers, is a seer by way of vision and memory. He is an infant in this world.
Maiden wants him to see her, yet she is fearful of being watched and feels
guilty. They must live by their visions, which may be only delusions.
Always there is the fear of approaching steps. Among the *Homines
Sovietici,* Young asks, "Yet who'd been able to tell me where my other
self was, how could I know." He will learn from Tu Fu the truth of his
visions. Tu Fu and Li Po abide in their timelessness. And when the
ravens come to take Young's soul, his birth, already begun, will unite
him with his ancient body. The young Rilke, in his Worpswede Diary,
discovers

> Drama and Sculpture have in common the effort *not* to provide any hero
> around whom actions or characters revolve, rather to present movements and
> figures in such a way that they can intimate the great center to which they refer
> (but which always lies outside their periphery).

The poems of the third section are pilgrimages toward recovery. If
return is impossible, and it is, the journeys become the self's ancient
myth of return—Lysheha's autobiographical episodes and details
elevated to recovered legends of an everyman. In this, perhaps, the
influences are Robert Frost, Li Po, Tu Fu, and Kawabata—models
Lysheha has great affection for.

In "Fox," the fox is totem for the speaker as he makes his way—
stopping and starting as a fox will—through the city to the ancient
woods. Or the fox is an actual presence, never far off—and always
watching. No fox appears in the poem. The speaker remembers his life
as a boy living near the Carpathians and his recent life living in the forest
village. He questions what it means to be civilized:

> I stepped closer
> To a sunken burrow..
> [...]
> Slowly, I raked the surface of ashes,
> Then pushed my hand inside

> And there, among the roots like severed veins,
> Touched a quieted heart, still warm..
> [...]
> Seems as if in Kyiv, on the opposite side of the woods,
> Someone never stops conjuring spells..
> I come back lifeless from the city..
> In the streets I often meet the dead..
> I offer my hand, dead eyes smile back,
> The dead, pushing themselves, making a place for me
> In a subway car..

But "the genuine woods" are "ancient and generous," and with eyes closed he departs to a vision of memory, where nature cannot go and is "fearful of the shade."

Moving through one's nature, through a state of nature and the metropolis, Lysheha navigates the schisms of identity. In "Carp," his dog Rex breaks loose and is found by the river: "Running back and forth,/ He was smelling the stinging nettle,/ As if smiling, touching it with his tongue./ I heard the sound of his broken chain." Rex's breaking free in a state of nature is contrasted with the "clear light" that catches the speaker:

> A golden cloud over the mulberry..
> The low clouds passing quickly, but this cloud
> Alone above them all was quieting..
> And I thought to myself: You're just..
> Just as I was once..
> Whole.. self-sufficient..
> I wanted only to possess myself..

And "towards dawn," Rex is still running loose, barking, and we understand that inside the vision of "the heavenly pond" is the need to smooth the tousled fur of the black dog.

"Swan" is perhaps Lysheha's best-known poem, his culmination upon the possibilities of return. A monologue addressed to the moon, the poem takes its cue from the legend of Li Po drowning in his attempt to embrace the moon's reflection. The spirit of the poem is maternal though the speaker is clearly a prodigal, homeless now, with only the moon and the vision of the swan to return to: "I'm not so drunk../ Moon, don't go.." If not return then a recognition, a falling back to self, a revision of return. In "Doll," the prodigal accepts his life of solitude and, not returning to be forgiven, returns nevertheless, meeting himself coming back:

The signs remain, drawn by claws
Around the stony pit:
He used to sharpen them there..
And a hand just memorizes them for later..

("He")

Lysheha's method of composition is close to prose in that he conceives his poems narratively and works by a sculptured condensation of extended metaphor, juxtaposition, and by the nearly seamless, cinematic linkage of jump cuts. Breath units determine his line, the musical phrase, or phrases, as in Pound and in the long, free verse poems of D. H. Lawrence. ("I think very few people can manage free verse," Auden said. "You need an infallible ear like D. H. Lawrence, to determine where the lines should end.") Assimilation and intuition.

I began my collaboration with Lysheha in Kyiv, in the autumn of 1993. We completed our work on these poems and the play in the summer of 1998, in Lemont, Pennsylvania. I worked from Lysheha's literal trots. My task has been first to understand the thrust of a poem, its essential gesture, and the functions of its turns. I have shared many experiences with Lysheha in Ukraine and in the States and his voice and the cadences of his voice are clear to me in the trots. The shifting tones of the poems become the subtle nuances of his emotions I've come to know. In this, the advantage of collaboration may have an edge over the translator working alone. The key is to find the prosodic means to transform lines in which the art of the Ukrainian will survive in an English-language poem. There is, too, Lysheha's carefully worked rough edge in the Ukrainian that must remain in the translation. The line must be rendered by "listening" to Lysheha, allowing content to create its own form again. Thus, our collaboration has been a process of finding a way toward recreation; fluent bilingual readers will find at times omissions and departures in the translations from the Ukrainian. On several occasions an aspect of collaborative revision is at work. As translators, "Our task," says Mandelshtam, "is to shorten the path from reader to writer."

Chernivtsi
February, 1999

The Selected Poems of Oleh Lysheha

I

ПІСНЯ 551

Поки не пізно — бийся головою об лід!
Поки не темно — бийся головою об лід!
Пробивайся, вибивайся —
Ти побачиш прекрасний світ!
Короп — той навпаки, зануриться в глибини,
Втече на саме дно —
Та короп і служить для того,
Щоб колись бути пійманим, раніш чи пізніше..
Але ж ти людина — тебе не впіймає ніхто.
Коропи — ті не такі.
Цілі століття повільно осідають
Їхні зграї, полохливі і темні—
Вони віддаляються в протилежний бік —
Бач, наше століття давно поспішає вслід? —
Торкається плавником, як рукою, їхніх плавників
І втікає.. ти покинутий? — але ж ти людина —
Не відчайуйся — ти проб'єшся.
Поки не пізно — бийся головою об лід!
О прекрасний неозорий засніжений світ..

SONG 551

Before it's too late — knock your head against the ice.
Before it's too late
Break through, look..
You will see a miraculous world..
It's quite another thing with a carp —
It tends to plunge,
Escaping to the lowest depths,
Born to be caught, sooner or later..
But you are human, aren't you? — No one will catch you.
Carp — they're a different sort —
For centuries the dark
Treacherous shoals have been sinking.
When did our century begin rushing to catch them?
Look — its fin caresses
Their fins, it follows them,
Slips away. You're alone?
But you are human, aren't you?
Don't worry, you'll break through..
Before it's too late — knock your head against the ice..
O miraculous, wide and snowy world!

ПІСНЯ 352

Коли вам так забаглось погрітись,
Коли вам так хочеться перекинутись хоч словом,
Коли вам так хочеться хоч крихту тепла —
То не йдіть до дерев — там вас не зрозуміють,
Хоч архітектура в них просто космічна
І з комина в'ється прозорий димок..
Не йдіть у ці гори хмарочосів —
З тисячного поверху
На вас можуть висипати жар..
Коли вже вам так не терпиться за теплом,
То йдіть на завіяний снігом город,
Там скраю стоїть самотня хата хрону..
..А ось і вбога хата хрону..
Світиться? — світиться.. він завжди в дома —
Стукайте до хати хрону, стукайте до цієї хати..
Стукайте — і вам відчинять..

SONG 352

When you need to warm yourself,
When you are hungry to share a word,
When you crave a bread crumb,
Don't go to the tall trees —
You'll not be understood there, though
Their architecture achieves cosmic perfection,
Transparent smoke winds from their chimneys..
Don't go near those skyscrapers —
From the one-thousandth floor
They might toss snowy embers on your head..
If you need warmth
It's better to go to the snow-bound garden.
In the farthest corner you'll find
The lonely hut of the horseradish..
Yes, it's here, the poor hut of a horseradish..
Is there a light on inside? — Yes, he's always at home..
Knock at the door of a horseradish..
Knock on the door of his hut..
Knock, he will let you in..

ПІСНЯ 822

Перший: Справжній тобі гербарій—
                Гроші на деревах! —
                Ідеш і зриваєш, і сієш по снігу..
                Та не такий там уже й мед,
                Скажіть мені:
                А коли на кожному дереві
                Сидить по кілька ворон в інеї —
                Хіба ж це гербарій?
                А словник безсилий..

Другий: Шапки нема,
                Кожуха нема — хіба це зима?

Третій: А я написав там оду латинською мовою,
                Починається так: «Донесення"— дві крапки —
                «Нарешті"— знак оклику,
                «Ріка прийняла кригу" — знак оклику,
                А може, й кома —
                «Дала поцілувати рученьку свою."

Другий: Що не кажіть, а в наш час
                Просто неможливо без латини —
                А хто з нас знає,
                Як, наприклад, по їхньому «плакуча верба?"

Перший: Ох, дай Боже пережити цюю зиму.

6

SONG 822

First voice:	Sure, it's a real herbarium —
	Money hanging from trees! —
	You go and pluck it, and sow it in the snow..
	Yet it's not exactly wine and honey over there,
	So tell me:
	If on each tree a few crows
	Sit dusted with frost —
	You don't call that an herbarium, do you?
	A dictionary is useless..
Second voice:	Without a hat,
	Without a sheepskin coat — is that winter?
Third voice:	When I was there I wrote an ode in Latin,
	Which starts like this: "A report" —

Colon—

"At last" — exclamation point—
"The river was covered with ice" — exclamation point,
Or, perhaps, a comma —
"She deigned to give me her little hand for a kiss."

Second voice:	Well, whatever, but these days
	You simply can't get along without Latin —
	Which of you know the Latin phrase,
	For instance, for "weeping willow"?
First voice:	Oh God, give us strength to face the winter.

СОБАКА

Він лежав у лісі, як валун,
І голову так підвів —
Череп, оплутаний павутинкою жилок..
У вітрі звіялась і лягла відмерла шерсть..
З глибокого прілого листя,
Як з дитячої купелі, його погляд благає:
Не підходь.. дай побути самому..
У щойно розбудженому лісі
Гояться задавнені рани..
Потрощені суглоби зростаються..
М'язи набрякають, як дерева..
Пожовклі від морозів очі,
Одірвавшись від передніх лап,
Знов на обрії бачать великого зайця..
Молода кропиво, — змилуйся над ним, чуєш —
Його серце не витримує твоїх скоків..
Ані вашого тягару, перші мурашки,
Що так живо видряпуєтесь
На цей ледь нагрітий валун..
Він ще може встати і обтруситись..
Або ж зарости кропивою,
Як згусток почорнілого снігу..

8

DOG

Lying, like a boulder, in the woods,
He lifts his head —
His skull a cobweb of veins..
His limp hair rises and falls
With the wind..
Deep from putrid vegetation,
His eyes begging, as from a baby's bath..
Don't come near.. Let be..
In a newly awakened forest
The inveterate wounds are healing..
Crushed joints growing together..
Muscles swelling like the trunks of saplings..
Lifting himself to his front legs,
Eyes yellowed by the recent frost,
He discovers again the huge hare on the horizon..
Young nettle, be kind to him — listen —
His heart can't endure any more the arc of your leaves..
Neither your load, the first ants
That climb boldly
Over his stillness, barely warm..
He may get up yet and shake himself off..
Or, by you, be overgrown
Like a clot of blackening snow..

БАТЬКО

О, купання — це розкіш
Для нього, до того ж пізнього літа
У Вороні з дорослим сином..
— Тут була колись яма —
Він увійшов і одразу поплив,
Викидаючи перед себе, здавалось,
Незамочені руки — так ніхто вже не плавав —
Вийшов на броді:
— Може помиєш мені плечі?.
І поки намилював його,
Похилившись низько, він дивився на течію —
Миготливу, вируючу..
— Досить.. щось мені крутиться голова..
Може від води..
Він вибрів наосліп
І впав на сонці лицем у траву..
Я ще ніколи не бачив так зблизька
Його великого тіла з підібганими ногами
Чи то в плямах, чи в тінях..
Він на мить забувся про
Похиленого над ним сина,
Що далекого пізнього літа
Мив йому плечі на броді у щораз бистрішій,
Посіченій листям і хмарами течії..

10

FATHER

Oh, he liked to bathe..
Best in late summer,
In the Crow River, a mature sun overhead..
— Once, there was a deeper place here —
He entered patiently, his turn of wrist,
The elbow high, slipping the hand into the water and out,
As if still dry — in the manner no one sees anymore —
Swimming to a shallow place:
— Would you wash my back?.
And while I soaped his back,
He bent low, watching the current —
Swirling, sparkling..
— Enough.. my head whirled..
Perhaps it was the water..
He walked out like a blind man
And fell face down into grass, in sunlight..
Never before had I seen him so closely..
His long body, his legs tucked in,
Dappled with shadows, or freckles..
He forgot me for a while,
Who, bending over him in that distant, late summer,
Tried to wash his back in the ford,
In the ever faster current,
Its low eddies of tall trees and clouds..

КІНЬ

Колись я втечу.
Я ще можу вкусити.
Мені допоможуть гори.
Я був там.
На згадку про той час
Чоловік на горбатій стіні
Обвів червоним
Тіні пса і кількох моїх друзів,
Що поволі, один за одним,
Опускались на водопій
До підземної ріки.
В моїй гортані
І досі бовтається
Грудка льоду..
Мене ще не забув ліс.
Може здатись,
Що на випаленій землі
Удвох із чоловіком розорюєм попіл —
Насправді тягну за собою
Ще дрімучіший ліс —
Бо хто ж тоді я,
Як не його блудний син?.
Я люблю стояти під вільхою,
Щоб на мене сипались
Її чорні шишки —
У нас подібна доля,
Така ж темна, крихка —
Ще кілька таких тисячоліть —
І її не стане —
А поки лише завдяки дарові
Перевтілення може уподібнюватись
Сосні чи іншій
Людській істоті —
Хоч насправді вона

HORSE

Some day I will escape..
I can still bite..
The mountains will help me..
Once I was there
To honor the day
A man outlined
In red on the cave wall
Shadows of my friends
Coming down slowly,
One by one, to water flowing
From a subterranean river..
A shard of ice
Still tinkles in my throat..
I hope the woods remember me, as well..
One might think that bound to a man
We plough ashes
On the burnt land —
In fact, I'm pulling hard, trying to drag
The forest, thick still,
For what am I if not the prodigal son of the forest?.
I enjoy standing under an alder —
Its dark cones
Falling on my back —
We share a similar destiny,
The same sadness and frailty —
A few more such millenniums
And it will vanish —
Now, only the gift of assimilation
Helps it to survive beside a pine,
Or some other civilized presence —
Though in fact it is a relative

Родичка іхтіозавра..
Втомлений сонцем,
Я теж вмію увійти часом
У забутий стіг осоки,
Прив'ялений у холоді
На мочарах — там я
Довго на самоті
Сумним великим оком
Вглядаюсь у дерево навпроти:
Від самого верха по стовбуру
Звивається чорна лінія —
Тиха темна річка спливає
Обминаючи його ребра..
Вона продовжилась
Уздовж мого хребта..
Буває, чиясь душа заходить
Надто далеко від дому,
І яскравий мох манить її
І затягує до себе
На дно підземної ріки —
Раптом перед очима виринає
Розсмиканий пахучий стіг —
Знайте — то я чекаю,
Поки на сонце не напливе хмара,
І вже тоді зрушусь
І тихо піду,
Підказуючи тверду дорогу додому
Заблуканій душі..
Хоч тому, хто заблукав,
Може здатися навпаки —
Що саме у тому далекому,
Забутому усіма стозі осоки —
Вже вибіленому як папір,
Чи вже звугленому —
Раптом ворухнулась
Чиясь іще більше заблукана
Самотня душа?.

Of the ichthyosaurus..
Weary of sunlight,
I might as well enter, like an alder
Dissolving in a cool swamp,
A forgotten stand of sedge —
There, I would stare for a long time
With these large eyes of mine
At a tree, face to face —
There, a black stream descends,
A calm, dark line,
Winding from the crown, along the trunk,
Passing over its ribs..
Flowing further, down my spine..
Sometimes one's soul departs too far from home
And bright mosses tempt it,
Draw it farther on
To the bottom of an underground river —
Where suddenly emerging ahead
Is the fragrant, bristled stand —
Know that's me waiting
Until a cloud overtakes the sun..
Only then will I stir
And move forward,
Prompting calmly the sure way home
For the lost soul..
Can one who is lost
Think otherwise —
That even in the remote,
Long forgotten sedge,
Whitened now as paper,
Or darkened to coal —
A soul, more lost,
Can suddenly stir?.

Але хто вже знає тепер,
Що воно таке —
Самотня душа?
Мій брат-граб
Теж ніби гордий —
Чи він знає?
Затаєніший, дикіший,
Він бігає ордою,
Тонке, холоднокрове тіло,
Ніби вжалене гадюкою,
Сіпаються жили на ногах
І весь залитий холодним потом —
Кого він боїться?
Що його змушує купчитись по горбах
У важкі, задимлені хмари?
Чи він знає?
Собака — той, може, знає..
Він мучиться, як ніхто,
Вічно усміхнений,
З великими замріяними очима..
Той міг би поспівчувати..
Але земля перед ним
Так само вже розступилась —
І я здогадуюсь, чия тут вина..
Дійсно, я вдячний тому,
Хто колись на згадку
Обвів наші тіні
Червоною і чорною землею,
Підмішавши туди крові,
Щоб хоч трохи скрасити
Перед собою дикий камінь.
Але не лише вдячність тримає
Мене сьогодні коло стійла —
І зовсім не рана, що не гоїться
З того часу в горах,
Коли, вдоволено відступивши від стіни
З долонями в закривавленій глині, —

Who would ask now,
What is that — a lonely soul?.
My dignified brother of birches,
The hornbeam, does he really know?.
Reserved, yet wild in his grove,
As if running in a horde, his slim,
Cold-blooded body bitten by a snake,
Veins pulsing in the hamstrings
Covered with sweat —
Who is he afraid of?.
Who forces him to condense over the hills
Into clouds like a heavy, metallic smoke? —
Perhaps he knows?.
A dog — he seems to know..
Tormented as nobody else,
Ever smiling
With large, devoted eyes..
He may know..
But already the earth
Has opened under his feet..
And I dare say I know
Who's to be blamed..
Yes, I am thankful to the one
Who commemorated us
In ancient days, outlining our shadows
With red and black clay
Mixed with blood,
Just to soften a bit
The brute rock in front of him..
But it is not mere gratitude
That keeps me in a stall,
Nor the wound still
That is not healing
From that moment in the mountains
When — having stepped back from the wall
And, delighted, rubbing clean

Він раптом зрозумів,
Що по горбатій стіні печери
Наш невеликий табун гнідої масті,
Легко перескакуючи з виступу на виступ,
Втікає від нього назовсім —
І саме тоді злякався, не витримав
І чимось гострим ударив —
Може, побачивши пораненого,
Інші впадуть на коліна?
Так воно і сталось..
Роз'ятрена рана ночами
Змушує плекати втечу.
Але як лишу його тут самого?.

His blood-soaked hands —
He suddenly recognized
That over the rough wall of the cave
Our small herd of sorrel shade
Leapt easily from one protuberance to another —
Running from him forever —
And was he so frightened
He could not bare it
And struck with a sharp tool,
Hoping that the others,
Seeing the wounded one,
Might fall and return to him?.
So it was..
Each night the festering wound ached,
Nourishing, provoking the escape..
But now, how will it be
To leave him here, alone?.

ЯСТРУБ

— А куди веде ця дорога?
— Та перейдете через одне літо,
Далі минете ще одне, менше,
І ще менше — там буде село Погоня..
..Бита польова дорога, розтріскана, як черепок,
Довкола сама червона конюшина і хмари..
Хтось загубив оберемок вівсяної соломи —
Прямо посеред дороги..
Присяду трохи.. ще йти і йти..
Не дає спокою джміль.. тут твоя нора?.
У мене немає нектару..
Чи подаєш мені тривожний знак?.
Та йду вже, йду!.
Відразу за спиною звихрюється смерч
І хапає солому..
Під горою пасеться ціла череда свійських голубів,
І коли злітають проти сонця—
З неба раптово осипається риб'яча луска..
Далі, щоб хоч трохи сховатись у холод,
Пішов навпростець
Кукурудзою, «кінським зубом» —
Боже, як понівечили її вепри!
Надкушені, виплюнуті качани..
Закривавлені згустки шерсті після нічного шабашу..
Куди ж заведе ця порита іклами дорога?.
Невже додому?.
А де ж твій дім.. може, яструб знає?—
Розчепірені крильця прозорі,
І посередині темна цятка, як у метелика,
Що завис на ціле літо над горою..
Але бач? — урвалося літо —
Він похитнувсь.. іди за ним..

HAWK

— Where will this road lead me?
— Oh, you just walk through a summer,
Passing through another, a smaller one,
Then one, smaller still — till you find
A village called Pursuit..
..A worn road cracked like a potter's shard..
All around, only red clover and clouds..
Someone's dropped an armload of oat straw
In the middle of the road..
Such a long road.. I'd like just to sit awhile..
Annoying drone, is your hive near here?
I don't have any nectar..
Or are you simply warning me?
Well, I'm already gone — gone!.
In an instant, rising behind me, then swooping down,
Something like a whirlwind takes up the straw..
On the hill tame pigeons are grazing;
Suddenly, when they fly up against the sun,
Fish scales fall from the sky..
And further on, I walk
Straight through a field of "horse-tooth" corn,
To hide in the shade —
God — the spit-out cobs, how the wild boars
Nibbled, torturing them..
The blood-stained clots of hair after a night's orgy,
Where will this road, plowed by tusks, take me?
Home ?
Where is home?
Perhaps the hawk knows —
Transparent wings spread wide,
The dark sunspot in the middle,
Like a butterfly
Hovering over a hill in summer..
But look — summer is over —
He shifts — so follow him..

ВІН

В горі, аж мокрій від перестиглої ожини,
Темніє його житло.
Як міцно треба було стискати
Затесаного дрючка аж доти,
Поки в глухому закуті кам'яної нори
Зі здибленої тіні великого самітника
Не хлине з горла тобі на груди кров..
Але, крім здертої шкіри, відрубаної лапи,
Де затиснулась його сила,
Крім густого духу дикого часнику,
Над самим лігвом на стіні лишились
Глибокі знаки, проорані кривими пазурами:
Тут він їх заострював.
І рука їх запам'ятала на потім..
Ясно — коли збирала гриби
Чи намацувала пстругів під каменем —
Те знаття їй не згодилось.
Але пізніше, втомившись за плетінням сітей
На більшу, набагато більшу рибу,
Монотонна робота таки змусила шукати
Трохи легше заняття: знаки.
Вони могли якось виправдати
Примітивні вбивства..
Це було просто — досить вмокнути палець
У свіжу кров.. або чирганути гостряком
По кістці, на корі чи, вже пізніше,
Й на папері: риски в певній послідовності..
Але що таке папір?
Чи знала рука, що то підрубаний ліс,
Обвалені шахти, занедбана земля?.
Певне, ще не хотіла знати,
Бо весь час пробувала
Вибілитись від гною, диму,
Стати делікатною, власністю самої себе,

HE
For Ivan Franko

On the mountain, wet with overripe blackberry,
His dwelling darkens..
With what force a man clenches the sharpened stake
Till at the end of some stony burrow
A hunter draws the rush, the blood from the throat,
From the reared-up shadow of a great ancestor..
Yet besides his being skinned,
Besides his cut-off paw —
Where his strength might be grasped
Alongside the smell of wild garlic —
The signs remain, drawn by claws
Around the stony pit:
He used to sharpen them there..
And a hand just memorizes them for later..
Of course, when a hand gathered mushrooms,
Or fumbled for trout between stones —
That knowledge was of no use..
But later, tired from forming nets
For a bigger, much bigger catch —
The tedious job led to simpler work:
Signs — they were able in some way
To justify the rough slaughter..
Rather, it was an easy occupation —
Just to plunge one's finger in blood
Or slash with some sharpened thing
On a bone or bark, or later, on paper:
Signs in some order..
But what is it — paper?
Does a hand know it? That it
Is barren land, hewed wood, mines crumbling?
Perhaps the hand doesn't want to know
Because all the while
It strikes to bleach itself of dung and smoke,
To become more delicate,
A possession of itself,

Досконалим інструментом, чого нема в нікого..
І прикро було їй здогадуватись
Що друга, ніби така сама рука день і ніч
Куе залізний ланц на молодого ведмедя,
Аби навчити його танцювати
На розпеченій блясі..
Та сама рука підкидає поліна у вогонь,
Затесує перо — справді досконалий інструмент,
Але той, що висушує руку,
Притискає скалічілу до грудей, на серце..
Як воно має боліти,
Що мусить іти від себе,
Знов повертатись назад, в їдку ропу,
В рідний підгірський ґрунт,
Де кожен камінь чи кущ ялівцю
Пирскає нафтою,
Аби відмокнути в ній,
Аби та рука знов знайшла легше життя,
Аніж блукання аравійськими пісками..
Близька гора аж темна від солодкої ожини —
Але навіть верткий птах,
Не сідаючи на обтикану колючками галузку,
Ніяк не може склювати цілої ягоди,
А лише роз'ятрює її, скроплює соком землю
І летить голодний далі..

The perfect instrument no one else possesses..
And how pitiful to find out
That the other, almost same hand
Was shaping, days and nights, the iron chain for a young bear,
To teach him to dance
On a hot tin plate..
Nearly the same hand puts wood gingerly into the fire,
Sharpens the pencil —
Indeed, a perfect instrument —
Just to emaciate the hand,
To press it closely to the heart..
What pain the heart must suffer —
To return again to the oil and salt,
To the native and stony ground,
Where each stone or juniper leaf
With each touch bleeds an acrid drop,
To be immersed in it,
To find a little easier life
Than wandering Arabian deserts..
The mountain is so close,
Dark with sweet blackberry.
Yet even a quick bird perched on a thorny twig
Can't peck the whole berry—
But tortures it, sprinkles the ground with juice,
And hungry still, flies on..

II

FRIEND LI PO, BROTHER TU FU*

A Mystery

CHARACTERS

Li Po
Tu Fu
Young
Maiden
Great Hornet
Others

*The Ukrainian version in its entirety follows the English translation.

ACT I

VOICE BEHIND THE SCENES.

..Soil drops from my bare feet..
When you are occupied too long in thought,
or stirred simply by a remote distance before you,
warmth can inundate everything,
the capillaries burst..
It becomes as easy to bite through a young leaf,
as to bite your lip until it bleeds..

The curtain opens slowly. On stage, amid a few small, thin pines, Young appears. His movements are careful. He wears a traditional robe for such a place and time, a set of sapper digging tools tucked in his belt.

YOUNG. I — a lousy bastard, in far-off days wrote poems about wild plums blossoming over distant hills.. Now, I'm in a far-off province.. I'll do all I can to improve myself.. *(Looking around.)* I had a strange dream yesterday: I was in a pine grove, all the pines looked the same, as if they'd been trimmed, and each was just my height — I wandered a long time among them, and each was my failure.. I was looking for something other, a different one, as carefully as if I were searching the very eyes of each tree — and yet I found nothing..

Distant voices are heard. Quickly, Young begins to dig a pit and repeats loudly:

YOUNG. I, a lousy bastard, in far-off days wrote poems about wild plums blossoming over distant hills.. Now, I'm in a far-off province.. I'll try my damnedest to improve myself.. *(Looking around.)* The deeper I dig, the quieter my mind becomes.. The soil's loose here, my spade hasn't met a single stone..

The voices become louder.. Young circles about, as if trying to hide. His desperate shouts and aggressive expressions seem part of some ritual dance of a shaman. Suddenly, he hides behind a tree as two men appear. They're wearing robes for sleeping, staggering as if walking on ice, one of them carries a small, plastic canteen.

FIRST. How I enjoy this time when leaves are no longer leaves, and yet are not mould..

SECOND. I enjoy it, too, when I look for them and can't see them, knowing they still exist.. Especially under one's feet, leaves as transparent as water, but with a thin layer of slime.. Let's sit down. Here, we can build a fire.. *(Takes sheets of paper from his pocket and lights them.)* Here, one feels at ease.. Friend Li Po — you know, lately, I've been thinking continually about photographs.. Wherever I go, whatever I do — I have the feeling all the time of slowly turning pages of a huge picture album.. And each picture becomes a forest or a field.. On one page I see myself in the shape of some dark stain, on another page I don't see myself at all, though that darkness and the day are clearly seen, but not myself.. Where am I now? Wait a moment.. I see a dark current.. And at the bottom, clots of clay are rolling, merging slowly into one large, slimy lump.. And now it's crumbling again..

LI PO. Brother Tu Fu, don't you see this forest, don't you see ourselves within this autumn picture, taken by this mutual breeze, this very night?.

TU FU. Friend Li Po, no doubt I see, I see us both, see us drinking together and sharing the warmth of this fire, but with eyes closed I see us more clearly, I see with all my flesh and with my heart, and more clearly a dark current and at the bottom, something is exploding slowly, but silently.. Again and again innovations appear.. And again they crumble.. I see nothingness..

LI PO. Brother Tu Fu, pour a little more, I feel cold.. *(Tu Fu passes the canteen to him and he takes a gulp.)* All around us, the snow is encrusted..

TU FU. Friend Li Po, broken glass is all around us, everything sparkles like broken glass, and I was so fond once of walking here, sometimes falling into holes full of musty leaves..

LI PO. Brother Tu Fu, add a little, I'm cold.. A week ago I saw someone hidden behind a bush on the other side of a fence.. He was holding a bag, tied with wire.. He stared at me silently like a deaf-mute and pointed at me as if asking me to admit him, as if he were saying, Don't you see, I belong to you, admit me and comfort me.. Yesterday, near the Western Gates, two wild sheepdogs rushed past me.. Do you know how a doomed rat cries? A little later, a few drops of blood remained on the tree trunk.. They tear everything still alive to pieces.. The remnants of fur lie on the path to the hut..

TU FU. Friend Li Po, you say the area is overrun with wild dogs.. But they're not always the same. In early spring, they seem so weak and humane, perhaps more humane than people.. They run into the road and under wheels indifferently as if saying: Look at us, we don't care about our lives, we can neglect our lives for some unattainable thing.. Once I tried to write something about it, I barely remember it..

> .. scattered in the forest like huge boulders,
> they lift their heads — sculls tangled in a web of veins..
>
> the damp fur rises, ruffled by wind, and lies down again..
> from deep, musty leaves, as from a child's bath,
> their eyes burn with soft fanaticism..

Both men become silent.

LI PO. Brother Tu Fu, I fear a sudden death.. Listen, something large has fallen, echoing.. A dried tree.. It might've fallen with its dark branches against my face, and falling farther, left bright red stains along your arms — you're sitting a bit far-off..

TU FU. Friend Li Po, you'll find yourself paralyzed in a boat at night amid a vast river, where no lights can be seen from the neighboring villages.. Then who'll be able to prove the legend which says that before your death, you tried to embrace the moon reflected on a wave?.

LI PO. Brother Tu Fu, you'll die in comfort in clean robes at the table, at home at last.. Your eyes will lose their glimmer, then your tongue will try to form the words, "better an egg".. In a breath, in your throat a piece of meat, improperly cooked, will stick fast..

TU FU. Friend Li Po, somebody seems to be calling us.. Don't forget we have fish for breakfast!.

LI PO. Brother Tu Fu, I will see you tomorrow!.

They leave separately. Young rises slowly from behind the tree.

YOUNG. Half-past four and it's already dark.. These two have certainly warmed their asses in the kitchen. Perhaps, for tonight they won't have to hide pieces of black bread in their pockets.. I can't help how cold it is.. Sure, a kitchen's a bit warmer.. Once, when shoving people in line for a hot dinner, I glanced behind the doors, into the white-tiled kitchen.. And again, returning my empty plate, I saw the misted tiles, the nickel-plated basins, the copper fixtures.. Everywhere, the steaming, the murmuring, the dripping: Someone's hands, swollen from boiling water, snatching up plates to submerge them carefully under the hot steam.. I saw the trunk of a body — hands, and a stained belly parting a greasy robe.. Always, there was some force there pulling me toward the plates, toward the hot garbage, where red hands like large, frightening and greedy fish, reached out to snatch remnants of food.. Or, perhaps, in that air of damp suffocation, I was intrigued by the idea of an operating theater.. with its bright nickel basins, with its knives.. with its exclusiveness toward words.. toward everything unnecessary for a sound, human body.. with such obvious pleasure to open somebody's wound..

Curtain

ACT II

Night at the kitchen. In the middle of a cell-like room, lined with white tiles, an electric machine for peeling potatoes rattles loudly. With knives, Young and Tu Fu are silently picking the dark eyes from peeled potatoes.

YOUNG. Yesterday, by the lake, in a thicket of pussy willow I found a small colony of empty bottles of dark beer, called "Stella." Teacher, who makes it?.

TU FU. I don't remember.. perhaps it's from Arabia..

YOUNG. Yeah.. Some of them were snoring loudly deep in the dry leaves.. Others lay in shadow, in pairs, in threes, after *kif,* their dark bodies shining in sweet postures.. The rest were stumbling, rising and falling in the high dry grass.. Whenever some dark thing blinks from the bottom of the dry, rustling leaves, something breaks deep inside me.. Teacher, not long ago, they herded in a new group.. Among them was a tall boy with red cheeks and a big nose.. He carried a cellophane bag with soap, a toothbrush, electric razor and a foreign book.. Yesterday, our shift stacked firewood for winter.. We worked quickly, silently like a flock of night birds.. When the work was finished, some from our shift went to the boiler room to warm themselves by the fire.. But I stayed at the mountain of garbage, brightly lit by a searchlight.. There, among the brown leaves of cabbage, rotten potatoes, on a heap of frozen heads of mackerel, with their hungry smiles, lay the book. On the cover, once white as snow, was the dark blue title in an unknown language.. A large slug moved across it at an angle, leaving a glistening path of slime.. I tossed the book into the shadow..

TU FU. *(Looks at his watch.)* Perhaps it's ready.. the fish is ready.. Get a dish.. Go to the kitchen.. Ask Li Po to serve you.. Take him some onions.. Take him the whole garland, tell him that I wove it.. Ask if he needs something else, though I've nothing more.. Ask him.. Ask him if perhaps he wants something.. then maybe I can still find it.. And tell him to come.. wait.. or better, tell him I'll be through with all these things and I'll come.. Yes, tell him that I'll soon be through with all these things and then I'm coming..

35

Young goes out.

..Something's happening to me.. The knife is sliding from my hand.. It's as if I'm being covered with prickly hay that has no smell.. I can't lift my head.. The harsh light's strewn over me like unseen hay.. At three in the morning, in a room of white tiles where a haystack settles with no smell.. And the forest and fences all around.. Behind this wall people are straining something, stirring, pouring drop by drop.. *(He leans with his cheek against the wall, whispering.)* Friend Li Po, Friend Li Po, I'm here, listen, we're divided now only by this wall, a breath and it will fall.. Friend Li Po, there's only this white eggshell.. And if you're there, listen, I'm already knocking out the wall — do you hear these dull thumps? — they are my heart beating, already I'm breaking out, already appearing..

Young enters with an empty dish.

YOUNG. Teacher.. There is no Li Po and there won't be.. What has happened to you! *(Runs to Tu Fu who is kneeling with his face toward the wall, knocking it with his head.)*

TU FU. I don't know.. Bring me all my things..

YOUNG. I'll do my best for you! *(Runs out; in a moment returns with a can of condensed milk, a cow on its label, hands the can to him and runs out.)*

TU FU. So it's you.. Do you still hold within you that ten-degree winter? Day after day, I drew a bucket of water and ice with the well sweep and would set the bucket down on the snow before you.. You drank, thrusting your head deeper, deeper, not raising it till you were sucking the bottom.. Only then did you pause.. Then again, a half bucket more while I waited, looking past the firs encrusted with snow, into the valley alive with the shadows of sunset, and it seemed as if over there, far off, a horseman was riding fast toward me..

Young runs in and gives Tu Fu something resembling a pillow.

36

TU FU. Have you brought me the route of the train, a wooden upper berth polished with an old wrinkled cloth and soot in the hair? From evening tea to morning tea, at the misted window pine woods flow past, from time to time lit by acres of birches bent by the wind.. And you, eyes yellowed from the endless flashing behind the window, climb down slowly, meet a sleepy conductor who is just washing cups from the evening tea, ask him in which car is the buffet and begin the long, daring journey into the unknown.. After shoving open the car's heavy door, you enter a half darkness full of vapors, hear somebody's weak cry, while melancholy black pines flow in the pale windows and from time to time, the flash from a splinter of moon.. You pass gently the damp hair and faces reconciled in moonlight, their lips among the folds of falling sheets open to you, and those hands.. Hanging limp, weak-willed, akimbo, with a palm opened toward you in a strange request, as if it, arm bare to the elbow, had waited for you a long time in this dark passage.. In a moment you know that nobody and nothing in the world could satisfy it, opened in mute question.. And again, having shoved open the iron door of a car, you open another, a plastic door, and lulled by the rhythm of swaying touch sometimes the nickel-plated railings and enter another world spread with a fluffy, grass-like strip of carpet, diminishing the sound of your steps under the diffused upper lights, and bitterly, you realize that you have never been there before and that you are absent there in that quiet, unreachable world for such people as you.. And again another door and after it the endless doors to somewhere forward again into a car where in quite another half darkness, the weak ringing of a glass vibrating on a table.. *(Pauses.)* And it seems as if I held something in which my face appeared to be burning..

Young enters. Gives him an old and dark, electric hot plate.

TU FU. Did you warm some milk for yourself at dusk? Mother, just before you lost your memory and tongue, you told me once that seventy years ago, when you were still young, a small river ran at the end of your garden.. And that you had gone once to wash something and snow was falling and you'd been washing something for a long time, noisily flapping it over the water, then suddenly felt a strong temptation to bathe, and without a moment's hesitation you took off your long linen gown and jumped in the water.. You didn't tell me when it was — before or after Christmas?. Remind me, help me, I held something in which my face appeared to be burning..

Young enters. Looking confused, he says nothing, his hands hanging beside him.

Tu Fu recites with his eyes closed.

> ..soil drops from my bare feet..
> in an aluminum bowl a shirt is soaking,
> and when a heavenly lather is stirred —
> the water appears quite black..

Remind me, help me, I held something in which my face appeared to be burning..

Only now do we realize that we haven't seen Tu Fu's face. For the entire act he's been kneeling with his back to the audience. Now, when listening to his voice, we would like him to turn his face toward us, if only for a moment, but we realize, too, all the danger of such a gesture. More than the impossibility of looking straight into his eyes, we are moved by his stillness. Young runs in, then out again.. His figure and movements remind us of the long ago, the tireless and happy Mercury. He returns, bringing a slide projector. Puts it down on a chair and turns off the light. We see an image of dark stains on the tiled wall.

Tu Fu continues reciting.

> .. pale weeds, dying back..
> dry, moldy plums, still hanging..
> the thin hair of couch grass,
> yet waving in the wind..
> you're much the same, a contemporary..
> last year's leaves.. —
> with patience the snow muffles you..
> how ingratiating, running from tree
> to tree, light hides behind the trunks..
> are you there?. are you there?.

Slides change quickly. Like clouds, the contours of distant mountains flow, becoming more obscure. Narrow, winding rivers and endless woods glitter there. The border between earth and sky disappears gradually. Then the image from an aerial photograph of a melancholy blizzard appears. In total darkness, Tu Fu's voice sounds especially lonely. After a while the room begins to fill with people. They come to him and embrace him silently. Gradually, their shadows jell into one glistening clump of dark bodies wrapped in wet raincoats soiled with thin clay. The silence is broken intermittently by a deep, subdued moan.. A pause. Barely identifiable, Young appears on stage. His face has lost its promise of fox-like cleverness. The color of his cheeks has faded. He used to freshen them by reddening them in front of the audience with half a beet — Now his face burns from within as if from a flame.

YOUNG.

> ..those who depart
> drag us from life with only
> a last desperate glance..
> or in their smooth flight
> photograph us in a dim wet place,
> parting indifferently from us, left here,
> far below, as if granting us eternity..

Curtain

ACT III

Another time, other people.. A kitchen. Up center, a cabin made of bamboo slats.. Spaces between them are small, yet it's clear that this is a kitchen.. Though one can't smell the smoke or hear the jingling of spoons, or the chopping of an ax.. Who knows — if it were covered with dark velvet it might resemble a polling booth.. Or an arbor, twined with hop, where someone waits alone for the nightingale at dusk.. Closer to us is the Table Pavilion.. Though benches and tables are unnecessary — and mats aren't needed because no one's there, it's called the Table Pavilion.. A dark plot of soil is down center — just to dispel the illusion of the audience waiting for evening tea. The loose, wet soil is raked.. A border, bearing no imprint of a bird or human on its surface — a pure absolute.. Though each look, each word is rooted deeply in this black, magnetic plot, beyond are woods and a far-off world.. The kitchen is dark and still.. Night, perhaps.. The air of something abandoned, and one can hardly imagine that someone might live here.. Suddenly, a light flashes inside the cabin, a dazzling explosion in the darkness.. The bamboo pipes begin to rattle and drone.. Inside, a sense of confinement, as if it were a large square woman bracing herself and trembling.. Suddenly through the noise, a maiden begins a high-pitched song long ago interrupted by tears and laughter.. She's insane, perhaps.. Clear, wordless fragments of arias that haven't been heard here in ages.. Is it only singing?. Could a better voice sing even at the Peking Opera?. The maiden runs naked onto the stage and begins *The Dance of the Night Sun*.. Could it rise without her?. From where did the robe come that she suddenly wears, as she approaches, a beggar's rags?. Is it a dream?. She circles like a tattered butterfly in the night garden and throws dishes of different sizes over the floor of the Pavilion.. Some are bright with knife-like edges, others are broad like large stones in a swift stream.. Perhaps they belong to different epochs.. The bowl closest to us is the deepest.. She rushes back to the kitchen, returns with a rattling heap of spoons.. And singing, runs to each dish, dropping in a spoon.

MAIDEN.

> You've been away, my lovely spring,
> And a hard sadness remains in my heart..
> You've departed into an unknown region,
> And I'm abandoned, left with my native land..

She continues to dance among the dishes. Seemingly, each has its spoon. She runs back and forth, singing, lifting spoons and dropping them again.

> Mother is out now and I'm alone..
> You come when the sun is away..

When the moon sends over all the stars,
You come to me for the last time..

Abruptly, she takes most of the dishes to the kitchen, returns with a deep aluminum sauce pan and puts it down in the middle of the Pavilion. With a long, wooden ladle, she stirs something, ringing loudly inside the pan. Standing over it, she looks down thoughtfully, her face lit by the reflection from the ripples. She seems about to jump in to bathe. But she hesitates, her body saying no. Why is she waiting? Until the bottom is clear again? She's stopped singing and seems to be holding her breath. All at once, she rushes out as fast as she can. She is absent for a long time. Then gradually her singing emerges from the deep background.

Come in, my love, Oh kiss me..
Your kiss will change the world into heavens..
Come in, my love, don't be afraid of anyone,
Come in, my love, Oh kiss me..

She enters, singing, holding a sheaf of green reeds, and at the sauce pan she removes the ladle, throws it hard into the kitchen, then puts the sheaf into the pan. The sheaf breaks apart. She circles the pan, arranging the elegant stems..

I've seen him only once.. Yesterday, he appeared in an armored wagon, pulled by a single horse.. How did he break through?. But no.. there was no barking.. and the sirens kept silent.. Yet, was it possible for the sirens to remain silent?. Well, they allow one to enter but not to leave.. All the better, he will stay here for a long time, much longer than he expects.. I've seen it on the water: the ripples spreading, their circles nearly touching, but unable to merge.. And from the bottom a dark cloud surfaced and did not settle again for a long time.. He will stay here a long time.. Staying as long as this reed remains still at the place where I took it.. He's very kind.. He took me gently by the arm, inviting me into the wagon.. And there he told of another world, a distant one.. Then he helped me down the iron stairs and pointed to the horse.. Look, what a fine harness.. What a strong chest.. And he walked to the horse and placed his hand on its side.. He stretched his other hand toward me and asked me to come closer and touch his hand: do you feel how his side twitches?. How many worlds has the horse passed through?. Can you feel it?. Suddenly, he drew his hand away and leapt on the horse.. slumped there, head down.. I saw him only once, yesterday.. Only once.. He took my hand and asked

41

if I would go with him.. If you would go with me.. to my place, into my native, far-off land.. And then.. And then I asked him with my eyes to ask again, yes, and then he asked me would I, yes, to say yes, my mountain flower, and first I put my arms around him, yes, and drew him down to me, so he could feel my breasts, all perfume, yes, and his heart was going like mad, and yes, I said, yes I will, Yes.. He said we are alone, we are just alone in this forest.. But over there, over the Great River everything is so different.. And he is going there tomorrow after supper for dancing and has invited me.. He says there will be a grand show at night, many people from the Western Province and many from the South and East.. And that I will overshadow them all.. He said in fact: "You will overshadow them all".. There was a time I thought that over there, beyond the North Gate, lay a denser forest.. It's true, I'd heard some voices arriving from there by night, but I was certain our hounds tore apart those of us who strayed.. *(She lifts her long black hair over her shoulder.)* Over there, he said, they dance a different way.. Maybe, like this?. *(With a jerk she tosses her hair down over her eyes and shrinks down.. Her arms lost in her hair as if layers of mother-of-pearl were about to stifle the fetus hidden deep inside, yet after this great contraction a single expiration would be enough to part the layers and the pearl would burn everyone.. Then, afraid of the possibility of such a moment, she runs to the reeds and lingers at the succulent foliage.. She pulls out a handful, throws it over herself.. She pulls out more and more reeds.. She's going mad, trying to take off her rags with the hope, perhaps, that reeds will hide her from everyone's eyes.. Broken stems have fallen to the plot.. She doesn't see her black, bare feet or how she's trampled the smooth soil.. Her mad paroxysms end as suddenly as they began when she sees her footprints.. She falls to her knees, tries quickly to smooth the plot with her palms.. She wants everything as it was.. She tries a panicle of reed.. She pulls the reeds from the saucepan and gets in, bending a little to wash her feet.. Gets out, replaces the reeds.. Pins up her hair.. Arranges the broken reeds..)*

He speaks of a long journey.. into the world.. Yet who will show him the way?. The true way.. Isn't the way further.. Further toward my lap.. Will he behold the mountains.. without me?. Mountains and the deep laps?. He wants to take me to a remote land.. But he has no idea where it is.. Should he belong to it and not to me?. He doesn't know who I am.. He doesn't want to know.. He says he can forgive everything.. Yet he has no idea of what I'm capable.. Whether or not I can forgive.. Why did he escape that remote land?. He says he's been searching.. looking all his life for me everywhere.. But he can't see.. All his life he's been searching.. He's been looking backward.. He's been riding backwards for so long!. Yet isn't the highest mountain just here?. I can show him a much higher mountain.. When I was a child, they called me Fiery Nymph.. Under my window I've planted a morning glory.. I found it near the hollow where we buried the fugitives.. I dug it up at night and planted it under my window.. Where mallow was.. I can't wait any longer.. I'm all flame.. He will catch fire from my embrace.. He'll never return.. This reed turns pale in my sight.. I watch it turn yellow.. I see it burning.. But he would never see it..

Blind, Young enters, over his eyes a black cloth tied behind his head. Barely recognizable, he's quite another person. Yet those who know his eyes know at once who he is.. Young and Fiery Nymph meet at the edge of the plot of black soil, as at a riverbank, and depart without touching each other, each attempting the long journey alone.. She goes on with her monologue.. She moves parallel to him.. She moves hastily, tugging.. She stings him with each word..

I went there each time they buried people.. Each time they wanted me present.. And afterwards, they wanted me to feed them.. They wanted me to give them everything with my hands.. Each time, to love each one..

YOUNG. I was sent to the Great River.. Arriving late at night, for a long time I doubted whether I should cross the River.. But my horse was hungry.. I unharnessed him, and staggering he entered the water.. I sat among the reeds, still doubting.. But I saw him drinking.. And I saw him looking strangely over the water to the other side.. And then I heard him calling me.. And the full moon had risen over the Great River, and I felt I should enter the water and follow him despite any danger waiting for us on the other side.. When we crossed the River, night fell and the nightingale was trilling, and it seemed it would never cease.. Nobody met us, though I heard a shot from the distance.. Yet can hunters, wherever you travel, be avoided?. I have been astonished at this plowed, black soil.. all swollen.. heaving under my feet.. Never have I seen such earth.. When I step on it, it rises, then falls back.. Then suddenly you feel the earth drawing you in.. The light darkening.. Is there really no one for me to meet here?.

MAIDEN. I prepared a hole under my window and transplanted the cool mint from that place.. I was sure it was cool mint.. Its thick, rough leaves and strange smell.. Yet when the leaves grew higher than the window, I saw clusters among the leaves and speckles of blood coming from them, then I understood it was scarlet rue.. I brought back peonies from there as well, but they didn't take root.. I like to plant flowers.. I like to bring them up.. I like to smell them late at night and at dawn.. I smell each flower before I reach them.. But lately, and hard for me to believe, I've gotten tired of smelling flowers.. They hold me near them for too long a time.. They've begun to smell more intensely.. And I ought to break their embrace by force.. But you can't rid them of their sweet smell.. They smell most intensely at sunset, and all night I toss in their scent.. In sleep they draw me beneath the ground.. Into the ground I watered so generously at evening.. They seem to be trying to save me from some greater danger..

YOUNG. We've met no one here, only the half-wild gardens overgrown with stinging nettle.. I saw a rooster spring from the ground, covered with red clay, and spread his wings and rush to gouge the skull of a shriveled fox, tearing its bright fur to pieces.. I saw cows permanently trudging, stopping only to give birth, then trudging further.. They were all of the same, red-ochre coat.. We followed them because I thought they knew how close the mountains were.. It was strange they were abandoning the juice of thick meadows and the wine heaps of fallen apples and pears.. Yet perhaps the high sun was urging them further, further toward caverns where one can sleep in the coolness, console oneself and wait in a dream as the sun climbs from the opposite side.. But yesterday, close to evening, we suddenly met a woman here.. She was singing.. Her voice was wonderful.. Well, it was fresher than any in the Peking Opera when I was a callow boy in love.. And I spent every night in their cellar buffet, "The Mosquito," as they used to call it, one could order a bit of wine there, and I'd wait, listening attentively for the light airy steps on the steep stairs from the stage, where she descended, still singing her aria and would stop only when she was in my arms and took a sip of wine.. No, it was quite another voice.. Yet any singing seems never to end.. And when we met that woman, I felt suddenly an enormous hunger, and even more the hunger of my horse.. And I asked her with my eyes to feed us..

MAIDEN. He is blind!. Where is he going?. He doesn't see me.. Thousands of eyes stare at my body!. They watch from behind every tree!. When I walk, a thousand eyes approach!. I step aside — and they step aside!. Everyone wants to see!. Everyone dreams of a fierce devil of dust rising and blinding me.. My deep lap.. They are returning now!. I hear them, they're returning for me, to take me to the hollow.. Early tonight, I heard a cry.. I was dreaming, giving myself up to the Great Hornet in a thick bush of scarlet rue and couldn't take off my fiery skirt and had to tear it with my teeth.. And then I woke and heard that horrible cry.. And knew he was lost.. That he would never see me.. I.. I have no right.. I shouldn't feed him!. I don't dare feed a blind man!. Such an act deserves retribution.. much stronger than any punishment they had for him.. Why do they delay?. They will take us both.. They've been informed already.. They are outflanking us from far off, to watch us as long as possible for the last time!. They are waiting for me to feed him..

Young and Maiden face each other. He holds out his hand to her, but immediately she turns away and hides behind the sheaf of reeds in the Pavilion.

YOUNG. To cross the river, here and there — and gather the same flowers.. It seems someone's here.. Someone's been leading me up here.. I've never walked alone through such darkness.. I haven't been able to take a step.. Yet I know I haven't been sleeping but walking and walking through the night.. I walked through woods.. No branch struck my eyes.. Someone's been leading me.. I remember — I had passed the trees and the ground began to rise.. And I had to crawl upwards.. The earth was loose and fresh.. And I was sinking, tumbling.. I had never breathed so close to fresh earth.. It was heaving under me.. It seemed to have been some burial mound.. Still fresh, without grass.. I crawled to the top and only there did I begin to feel sunlight.. And I stood there a long time to warm myself.. And looking up into the sun, I began to feel as if I could see it again.. I stood there till I felt my feet sinking into the soil.. And I rolled down.. The burial mound, perhaps, was abandoned.. Perhaps a murrain killed all the cows.. I could not have possibly come there only by myself.. Perhaps, I'm walking to the Great River again.. To enter the River.. It seems I sense the smell of that distant water..

> ..alone? no, I'm not alone.. or just alone?.
> no, not me.. anybody but me!.
> among the trees? the coming of night? the wind rising?
> where?. what's there
> across the river?. has someone escaped?.
> evening.. nightfall?.

Goes to the reeds, embraces them, plunges his face among them..

I am within you again.. And now I've no desire to leave.. I'll stay within you and never lose my way.. It may happen, still I'll walk a long time, but each minute I'll know I'm always walking within you.. Up to my neck in cool verdure.. Only now, I can rest.. *(Sits on the soil..)*

Maiden slips from her shelter. Quickly, she smoothes Young's footprints with her palms.. Far-off steps are heard.. Maiden circles excitedly.. The sound of footsteps grows louder.. Eager to hide, she can't.. She sings her aria again.

MAIDEN.

> Come in, my love, Oh kiss me..
> Your kiss will change the world into heavens..
> Come in, my love, don't be afraid of anyone,
> Come in, my love, Oh kiss me..

A man enters solemnly. He's covered, head to foot, with slick mud. Despite a wounded leg, his pace is long like a water spider's.. His dark face overgrown with a thick bristly beard.. He pulls at his full lips, smacking and trilling like a nightingale.. It's obvious — he's hungry.. He walks in a strange, violent manner, leaning to one side, dragging his foot.. Bewildered, Maiden stands at the middle of the room.. The man comes to her, bows deeply, a ring shines in his open palm.. Maiden turns her back to him, she will accept nothing from him.. Slowly, she walks off, singing sadly.

> The green sea sings,
> A calm day dies slowly..

In the dead stillness, the man remains, bowed, waiting, holding out the ring.. All at once, he springs up and runs out.. He returns running, dressed in a blinding-white cape and a tall, velvet turban.. Who is he?. Perhaps.. Perhaps he's the author of *The Satanic Verses*? His turban quickly unfolds, falling like a fringed shawl over his eyes.. Hurrying, holding a chestnut in an open palm, he falls in front of her.. He drops the chestnut, it rolls to her feet.. Maiden jumps delicately, as if it were a mouse.. Runs to the reeds, draws out a thick switch, runs to him, lashes his hands, his body, kicks him with her small, bare feet, strikes him with her fists.. She's sobbing and smiling.. Yet close to wailing a great cry of pity.. She finds composure and stares blankly at this mountain, his looming stillness, his deep misery and mute plea wrapped in the white velvet.. She looks silently at her herself, over and over, as if she recognizes herself in that kneeling mountain.. And makes a movement toward him as if to touch him gently.. But crying, runs in the opposite direction to Young lying down and strokes his face, kisses his closed eyes.. Young seems to be sleeping, seeing perhaps something in his dream, he's smiling happily.. Maiden leaps up and runs to the kitchen.. She brings back a pelt from some balding, black bear and covers Young as if he were a child.. She leaves him, and stands at the edge of the plot of soil, looking down.. She is whispering something and kneels.. Grasps some soil and lifts it to her face.. She's not herself.. Lets down her hair.. Groaning, falls to the plot of earth.. She rolls in it.. Smearing her body with the soil.. All this time The Great Hornet has been kneeling in a low bow.. Waiting through her fit of madness.. Then he stands and the blinding-white cape drops to his feet.. Naked, his body's covered by a long fur.. Like a tiger, he rushes back and forth, as if released at last from a cage.. Goes out, then returns with several baskets, full of yellow, black, white, and red earth.. His pace is supple, his gestures confident.. He pours water on the various earths, kneading them.. Then smears himself with red earth.. Harshly, scratching his body.. The chest, the neck, the head.. Growling, unable to smear all of his back.. He can't reach his shoulder blades.. Grasps the white earth and smears his face.. Then smears his body again with red earth — ears, eyes, brows.. His head jerks back and forth, his arms flapping.. He runs to the yellow earth, and running, returns to smear a yellow circle around the sheaf of reeds.. His body is twisting in convulsions, spurting blood on the walls.. As if his head's been chopped off.. He runs out, returning with a thick log, smooth, the bark peeled, a trunk as tall as he.. He ties his belly to the trunk, hiding himself behind it, thumping it with an iron or wooden hammer.. It is like a battering ram, knotty, protruding from the ground.. It's droning.. To the pure wooden drone, comes another hum — the roar of a distant machine.. Solemnly, he approaches Maiden, helps her to stand, embraces her.. She is calm.. They walk, staggering together, he supporting her.. They avoid the reeds and make their way slowly to the kitchen.. Once more, she makes a slight attempt to stop, though without resolve.

MAIDEN. I'd like it over there.. to transplant nasturtiums.. close to night.. When would I return?. Why are you taking me so early this evening?. Nasturtiums and ragweed.. And lungwort.. They're about to burst into blossom.. They can be transplanted only at night.. I'd like you to let me return a little earlier tonight.. I shouldn't have left the soil so.. so undone.. I'm ashamed of myself.. I've no idea when I'll be back..

The man doesn't listen, leading her straight to the kitchen, behind the bamboo slats something heavy falls to the floor. Meanwhile the machine's roar increases.. Exceeding all measure for the ear.. An unknown sound, a siren?. Or is it falling again from the sky, the comet Gallea-2?. A whirlwind rises, taking up a cloud of soil.. The empty Pavilion, a desert.. The only other sound is the far-off crying of a baby.. Young lies quietly in the background, covered with the tousled black fur.. The fur's nearly bare, yet still warm.. Imagine, this furred mound is still heaving in its dream.. And when the intolerable howl from above reaches its highest pitch, a flock of hunters or watchmen rush into the Pavilion, falling on the dishes.. Falling on each other, dressed in slimy cloaks.. Falling, a dark mixing into a hungry and sticky lump.. As if finding something in those dishes, they climb over each other, squirming wildly, intense with pleasure.. They cry out the desperate voices of orioles and jays, as though wanting more food.. More.. And on and on they writhe, tangled with each other.. A shot explodes suddenly from the kitchen.. They rise in great confusion and vanish as if never having been here.. Only the trampled earth and broken stems of reeds remain.. Silence.. Again, the wary, far-off cry of a baby.. Fading, yet not stopping.. Maiden eases from the kitchen.. She's sheathed completely in a bright velvet cape with several dark stains.. Like a thief, she runs to Young, and kneeling, lifts the fur just enough for her kiss, then covers his face with the fur and puts a dish of fried fish beside him on the floor.. Then escapes to the kitchen.. Where a threatening roar rises.. Young wakes.. He sits up and smells the redolent fish.. Begins eating.. Truly delicious.. Perhaps it's catfish from the Amur River.. Eating and eating, he's never tasted such good fish.. Maiden enters.. She carries a white plastic canteen.. She seems a little taller in a loose-fitting gown, it's long with a large flower pattern.. She puts the canteen beside him.. Young opens it and drinks..

MAIDEN. *(Smiles.)* You seemed to have been dreaming of a mother's tit, have you been weaned? From the kitchen, I heard something like a baby crying.. I've been running in again and again, yet I've seen only you..

YOUNG. I was dreaming that I entered a dark forest.. And there, among the thick woods, I wandered into a meadow and stood there..

MAIDEN. Wasn't it me? *(Smiles.)*

YOUNG. How long have you kept your wine?

MAIDEN. I could have kept it longer..

YOUNG. Till when?.

MAIDEN. Till the Great River flows.. *(Smiles. The threatening roar is heard from the kitchen..)* Wait, I'll be back in a moment.. *(She goes to the kitchen.)*

YOUNG. *(Alone.)* I dreamed I fell, my face against the earth.. And there, the ravens gathered around me.. They were landing close by and walking through the grass.. I think a jackdaw, perhaps, was among them, though I'm not sure.. And each walked on the tips of their feet to my ear, then to my eye where each looked intently into its corner, into what seemed a moist blackened fissure.. But I closed my eyes tightly and covered them with soil up to my brow.. The birds had flown from far off.. I couldn't understand their language.. Were they looking for someone?. Yet it wasn't me.. And then they asked me to fly with them to find the person they were seeking, if only I'd been that person they didn't find in the meadow.. And I wanted to shake my head, no — no, I won't fly off with you, I don't know you!. But suddenly I felt I could nod in assent, for they brought all their weight pressing against my head.. Yet who'd been able to tell me where my other self was, how could I know?. Who else could suggest such a thing?. *(He stands, covered by the bear fur. But the entire height, the dark mound of his body staggers.. He takes several unsteady steps, stumbles, falls.. A blinding light explodes, illuminating the low pines in the background. Young tries to rise to his knees.)* I can't rise.. They've taken me with them in my dream and already, I'm far off.. They've breathed another spirit into my body — with the odor of nothingness, of worn-out, dead feathers.. I can't even rise to my knees.. I see under me only a blue, indifferent brightness.. And there, from up here, my other self waits below among the diseased and trimmed young pines.. I don't recognize myself!. I want to be born again!. Where is my ancient body?. I'm falling.. I can't see the Great River.. I'm falling.. I want to fall into the Great River!. I want to enter the night's mirror without breaking it, not one splinter.. And now, when I've beneath me only the whole boundless moon reflected on the waves — why is there so much darkness?. *(He tries to pull off the bear fur..)*

Again the faint sounds of a baby crying, again the threatening roar, and again, louder, the baby's cry.. Among these sounds comes Maiden's flute-like laughter and singing.

49

MAIDEN'S VOICE.

> You've been away, my lovely spring,
> And a hard sadness remains in my heart..
> You've departed into an unknown region,
> And I'm abandoned, left with my native land..

Young finally pulls off his fur. Beneath it, white rags, underwear now almost black. He wants to remove them, yet can't control his hands, his head falls to his chest.. At last, he tears them off with his teeth, and with his hands on his chest he slides from his sheath.. Yet under them still, a dark, almost indistinct, green or blue uniform.. And behind him, in his belt, some iron tools jingle.. Staggering, he attempts a war-like yell, but instead of the bellicose cry, he utters a whisper..

YOUNG.

> I — a lousy bastard,
> In far-off days wrote poems
> About wild plums blossoming over distant hills..
> Now, I'm in a far-off province..

(He falls. His last gestures are of great dignity and harmony.. Pause..)

Maiden enters.. She seems to see nothing.. Her eyes, full of tears.. She's smiling and crying.. Walks about, trying to observe everything, yet seems to see nothing.. She's dressed now in a gown of a cool lemon tint.. An autumn full moon..

MAIDEN. I saw him only once yesterday.. Only once.. He took me gently by the hand and asked me if I would go with him.. And then.. And then I asked him with my eyes to ask again, yes, and then he asked me would I, yes, to say yes, my mountain flower, and first I put my arms around him, yes, and drew him down to me, so he could feel my breasts, all perfume, yes, and his heart was going like mad, and yes, I said, yes I will, Yes.. (*Bending down to his eyes.*) And then you said, Tonight they are dancing across the Great River..

She stands unwillingly, picks up slowly the dishes, the defiled and broken reeds and carries them out.. Returns with a basket of black soil.. Pours it over the trampled ground.. Brings in more until the earth is pure, fresh again.. Perhaps she recalls something, she bursts into laughter, then runs out again into darkness.. What will she bring next?. A basket full of apples?. Or a pillow?. A cool pillow with the faint scent of mint?. Who can say?. She keeps coming and going.. And each time, she brings something.. Some fresh water and where the stack of broken reeds stood, she'll put anything that best suits the season: a sheaf of peonies or reeds again, even more succulent and lively.. And arranging the new bouquet, she'll burst into singing,.. And her song will be sweet and long like a first snowfall.. And she may imagine she is alone.. Alone in the world.. But when her singing suddenly breaks off, she'll hear someone's steps approaching from far away in complete silence.. And she will shiver and hide behind the bouquet.. And in a while, from distant trees two statures may appear in the moon's brilliance.. Dressed only in the light garments worn under robes, they will take a long time in their arrival, as if we had lived and died already, and the confusion after us were still in the air.. Will they rest on the nearby plot of fresh, black earth?. Who knows?. Or perhaps they'll pass by and a bit farther, light a fire?. Or moved by the singing, will they turn around and look?. Yet no one would dare appear before their eyes.. And then, perhaps, one of them will say, in a quiet voice:

> All is vivid, touch anything — it seems like night..
> And only the reed glistens in the sun..

Curtain

1979–1989

ДРУЖЕ ЛІ БО, БРАТЕ ДУ ФУ

Містерія

ДІЙОВІ ОСОБИ

Лі Бо
Ду Фу
Молодий
Дівчина
Великий Джміль
Інші

ДІЯ І

> ...з моїх босих ніг осипається земля..
> коли щось довго робити, задумавшись,
> чи просто задивитись у далечінь,
> все може затопити тепла повінь..
> тріскаються капіляри,
> так легко, як молодий листок,
> прокусити до крові вуста..

Повільно розходиться завіса. На сцену, прибрану кількома убогими сосонками, виходить Молодий. Рухи його скрадливі. Одягнений він у типову для подібних місць уніформу, за поясом набір саперних лопаток.

МОЛОДИЙ. Я — подонок, я писав колись про багульник, що розцвітає на далеких сопках, тепер я у віддаленій провінції, я докладу всіх зусиль.. (*Оглядається*). Вчора мені приснився дивний сон: я в сосновій посадці, усі сосни рівні, як підстрижені і всі в мій зріст; і я ніби довго блукаю між них, і кожна з них — то моя поразка. Я шукаю між ними якусь іншу, неподібну, і так приглядаюсь, так уважно прогортаю молоду глицю, так, ніби зазираю кожній в самі очі — і не знаходжу..

Здалеку чиїсь голоси. Молодий починає гарячково копати яму, голосно приговорюючи.

МОЛОДИЙ. Я подонок, я писав колись про багульник, що розцвітає на далеких сопках, тепер я у віддаленій провінції, я докладу зусиль.. (*Оглядається*). Чим глибше закопуюсь, тим більше заспокоююсь.. земля тут глиниста, пухка, за весь цей період мій заступ не зачепив жодного каменя..

Здалеку наростає шум. Молодий метушиться, описуючи кола, він ніби хоче заховатись від когось, і не може. Моторошні крики і вся його войовнича подоба починають нагадувати танець шамана. Несподівано присідає за деревом. Виходять, ковзаючись, як на льоду, двоє в спідній білизні, один несе невелику пластмасову каністру.

ПЕРШИЙ. Як я люблю цю пору, коли листя вже не листя, і разом з тим ще не тлін..

ДРУГИЙ. Я теж люблю, коли ти дивишся на нього і не бачиш, а воно ще ж є.. Особливо під ногами, воно як прозора вода, бо слизьке, але ж товщини ніякої, тільки слиз.. Присядьмо.. ось і вогонь.. (*Витягає з кишені якісь папірці і підпалює*). Тут спокійно.. Друже Лі Бо, чомусь останнім часом лише й думаю про фотографію.. Де б не йшов, що б не робив, мені весь час здається, я перегортаю велетенський фотоальбом.. і кожне наступне фото стає то лісом, то полем.. На якійсь сторінці бачу себе невиразною плямою, а то мене зовсім немає, хоч таки бачу цю темряву, цей день, але мене там немає.. Де я тепер? Зачекай.. Бачу темну течію.. і ніби на дні з пологого берега котяться грудки глини, злипаючись у велику драглисту кулю. А тепер вона розсипається..

ЛІ БО. Брате Ду Фу, а хіба ти не бачиш зараз цього лісу, хіба там немає нас двох серед цього осіннього краєвиду, підхоплених спільним поривом в цю ніч?.

ДУ ФУ. Друже Лі Бо, бачу нас двох, п'ю з тобою і ділюся теплом цього вогню, та лише змружу очі і бачу набагато виразніше крізь нас, бачу тілом і душею невиразну течію, і в ній на глибині щось глухо вибухає, але нечутно.. Знов і знов якісь новоутворення.. і знову вони розсипаються.. бачу ніщо..

ЛІ БО. Брате ДУ ФУ, підли́й трохи, мені холодно.. (*Ду Фу подає йому каністру, той відпиває з неї*). Іней довкола..

ДУ ФУ. Друже Лі Бо, довкола повно битого скла.. усе довкола іскриться битим склом, а я так любив колись гуляти тут, провалюючись у прілі листяні ями..

ЛІ БО. Брате Ду Фу, підли́й ще трохи, мені холодно.. Тиждень тому за кущем по той бік огорожі я побачив одного з портфелем, підперезаного шнурком. Він дивився на мене мовчки, може глухонімий, а пальцем тицяв у мій бік, мовляв, прийміть до себе, пригрійте, ви ж бачите, мене тягне до вас.. Учора біля Західної Брами повз мене промчали дві здичавілі вівчарки.. Ти чув коли-небудь, як кричить загнаний пацюк? За мить від нього лишилися тільки бризки крові на стовбурі. Вони роздирають тут усе живе.. Біля бараку на стежці чиєсь пошматоване хутро.

ДУ ФУ. Друже Лі Бо, ти кажеш, довкола кишить здичавілими собаками. Але ж вони не завжди такі. Ранньої весни вони такі кволі, може, людяніші за людей. Тоді вони байдуже вибігають на дорогу, просто під колеса, ніби промовляючи: ось дивіться, ми зовсім не трусимося за своє життя, ми зневажаємо його в ім'я чогось іншого, недоступного вам.. Колись я щось пробував писати, може, й згадаю..

> ..вони розкидані по лісі як валуни,
> і голову так підводять —
> череп, оплутаний павутинкою жилок..
> у вітрі звіється і ляже відмерла шерсть..
> з глибокого прілого листя, як з дитячої купелі,
> їхній погляд горить тихою фанатичністю..

Обоє мовчать, задумались..

ЛІ БО. Брате Ду Фу, я боюсь наглої смерті.. Чуєш, гупнуло?. Підточене дерево.. Воно ж могло перебігти своїм темним гіллям уздовж мого обличчя, продовжившись яскраво-червоними плямами по твоїх руках, адже ти сидиш трохи збоку..

ДУ ФУ. Друже Лі Бо, тебе спаралізує в човні вночі посеред великої ріки, звідки не видно вогнів довколишніх сіл.. але звідки ж тоді леґенда, що ти перед смертю захотів обійняти відбиток місяця у хвилі?.

ЛІ БО. Брате Ду Фу, ти сконаєш у достатку, у чистій сорочці за столом, нарешті, у себе вдома.. Твої очі засклють, перш ніж зберешся промовити «добра каша..», у твоїм горлі застрягне шматок недовареного м'яса.

ДУ ФУ. Друже Лі Бо, здається, хтось кличе.. Не забудь, на сніданок плов!.

Розходяться. Тиша. З-за дерева повільно встає Молодий.

МОЛОДИЙ. Пів на п'яту, а вже темно.. Ці двоє пригрілися на кухні.. Видко, не ховають по кишенях чорного хліба, щоби потім вночі пожувати.. Звідки цей холод.. На кухні, мабуть, тепліше.. Якось, підштовхуючи передніх у черзі за гарячим обідом, краєм ока заглянув за їхні двері, у глибину на кухню, викладену білими кахлями.. А коли відносив посуд, знов бачив запітнілі кахлі, нікельовані ванни, мідні краники.. усе дзюрчало, скрапувало.. чиїсь м'які розпашілі руки підхоплюють твої тарілки і вправно піставляють під гарячий струмінь.. бачиш лише середину тіла, руки і живіт, весь у плямах, що аж розпирає засмальцьований халат.. Мене чомусь завжди тягнуло до тарілок, до гарячої нечистої води, де твої побільшені червоні руки із жадібністю великих потворних рибин хапають залишки їжі. А може в цій атмосфері задухи і нечистоплотності мене притягали хоч якісь натяки на операційну.. з її блискучістю нікельованих деталей, з її ножами.. з її гидливістю до слів.. до всього зайвого, непотрібного здоровому організмові.. з такою найглибшою насолодою розітнути чиюсь рану..

Завіса

ДІЯ II

Ніч на кухні. Посеред тісної, викладеної білими кахлями кімнатки, гуде здригаючись електрокартоплечистка. Молодий і Ду Фу видовбують ножами вічка з почищеної картоплі.

МОЛОДИЙ. Учора біля озера в хащах обліпихи я випадково набрів на цілу колонію порожніх пляшок з-під чорного пива "Стелла".. Учителю, а чиє це пиво?.

ДУ ФУ. Не пригадую.. здається, арабське..

МОЛОДИЙ. А-а деякі хропіли, зарившись по горло в сухе листя.. Інші усамітнились по різних закутках і кайфували по-двоє, по-троє, простягнувши свої лискучі темні тіла в солодких позах. Решта плутались у сухім пирію, падали, і вставали, і знов падали.. Коли здалеку в шорохкім листі мені лукаво підморгне якесь темне денце, щось у мені обривається.. Учителю, на днях пригнали нову партію.. Один високий такий, щоки горять, ніс загострений.. У руках целофанова торбинка з милом, зубною щіткою, електробритвою і ще якоюсь книжкою, не нашою.. Вчора моя зміна заготовляла дрова. Ми поралися швидко, нечутно, як зграя вечірніх птахів. Коли вже дрова попиляли, наші пішли грітись у кочегарку. Я затримався біля гори покидьків, на неї падало якраз світло від прожектора. Поміж бурого капустяного листя, гнилої картоплі, у купі вишкірених голів мороженого хека лежала та книжка. На колись білосніжній обкладинці темно-синім назва невідомою мовою.. Довгий слимак переповзав її навскіс, лишаючи по собі блискучу в'язь слизу.. Я відкинув її трохи далі, у тінь, щоб не так кидалася в око..

ДУ ФУ *(глянув на свій годинник)*.. Може, вже готова.. Сходи на кухню, риба вже готова.. Візьми миску.. Скажи Лі Бо, він дасть.. Передай йому цибулі. Візьми цілий вінок, скажи — це я сплів.. Спитай, може, йому чогось треба.. У мене, правда, вже більше нічого немає.. Спитай.. Спитай, може йому ще щось треба.. може, я ще знайду щось.. І скажи йому, хай прийде.. зачекай.. або скажи йому, що я впораюсь і прийду.. Скажи — я впораюсь з цим усім і вже йду..

Молодий виходить.

..Що це зі мною.. Ніж вислизає з рук.. На мене ніби сиплеться гостре сіно без запаху.. Я не можу підняти голову.. Це різке світло засипає мене своїм невидим сіном. О третій годині ночі в закуті, викладенім білими кахлями, осідає стіжок без запаху.. а довкола ліс, загорожі.. За стіною помішують, цідять, розливають.. *(Притулившися щокою до стінки, шепче).* ..Друже Лі Бо.. Друже Лі Бо.. я тут, ти чуєш, нас тепер розділяє тільки ця стіна..зараз я дмухну, і вона впаде.. Друже Лі Бо, між нами тепер лише ця біла шкаралупа яйця.. І якщо ти вже там, то слухай.. я вже пробиваюсь, ти чуєш глухі поодинокі поштовхи? — то забилося моє серце, я вже виходжу, вже появляюсь..

Входить з порожньою мискою Молодий.

МОЛОДИЙ. Учителю.. Лі Бо вже немає і не буде.. Що з вами?! *(Підбігає до Ду Фу. Той сидить на колінах лицем до стіни, глухо вдаряючись об неї головою).*

ДУ ФУ. Не знаю. Принеси всі мої речі..

МОЛОДИЙ. Для Вас я готовий на все! *(Вибігає. За мить вертається з бляшанкою згущеного какао, на ній етикетка з мініатюрним зображенням корови. Подає і виходить).*

Ду ФУ. ..Це ти.. Ти в собі ще тримаєш ту глуху зиму з її п'ятдесятиградусною студінню? Щодня я витягав журавлем з криниці відро, повне крижин, ставив перед тобою на сніг, ти пила, засовуючи голову все глибше, не відриваючись, аж доки твої губи не смоктали дно. Тоді аж відривалась.. і ще раз, ще половину відра, а я чекав, задивившись поверх твого густого в інеї хутра, як по рівнині вздовж обрію попід сопками в тінях призахідного сонця ніби мчить до мене далекий вершник..

Вбігає Молодий і вручає Ду Фу щось подібне до подушки.

ДУ ФУ. Що ти приніс.. ти приніс мені дорогу в поїздах.. відшліфоване лежанням лаковане дерево верхньої полиці, зім'ятий одяг і сажу у волоссі? Від чаю до чаю крізь запітнілу шибку в мороці пропливають хвойні ліси, зрідка висвічені арками незламаних вітром беріз.. І ти, з порябілими очима від безконечного проминання за вікном, важко сповзаєш униз, підходиш до заспаного провідника, що саме миє склянки після вечірнього чаю, питаєш, у якому вагоні буфет, і починаєш довгу зухвалу мандрівку в невідоме.. Штовхнувши важкі тамбурні двері, виходиш у напівтемряву, повну випарів, чийогось ослаблого плачу, тоді як у світліших вікнах пропливають понуро чорні сосни і часом зблисне осколок місяця.. Проминаєш пом'якшені його сяйвом умиро-творені обличчя з розтуленими до тебе устами, вологим зіпрілим волоссям, складками звислих до землі простирадл, і руки.. Опущені безвольно вдолину, розкидані, відкриті долонею до тебе, у такому здивованому запитанні, ніби вона, оголена до ліктя, чекала на тебе вже стільки літ у цьому темному проході.. На якусь мить ловиш себе на думці, що ніхто і ніщо в світі не задовольнить її, розтулену в німому запитанні.. І знов, штовхнувши оббиті залізом двері тамбура, відхиляєш інші, пластмасові двері, піддавшись уже звичному колиханню, торкаючись час від часу нікельованих поручнів, заходиш в інший світ, устелений пухким трав'янистим хідником, що скрадає твої кроки під розсіяним верхнім світлом, і лише гірко подумаєш, що ти тут ніколи не був, і тебе тут немає в цьому лагідному, недоступному для таких, як ти, світі.. І знову ще одні двері, за ним безконечні двері кудись туди, вперед, десь у вагон, де в зовсім іншій напівтемряві тремтить, подзвонює склянка на мокрому столику.. *(Замовкає).* І ще ніби я мав щось у руці.. від чого лице моє аж пашіло..

Входить Молодий, подає стару, почорнілу електропилку.

ДУ ФУ. Ти розігріваєш собі трохи молока навпотемки? Перед тим, як тобі відняло мову і пам'ять, ти якось розповідала, як сімдесят років тому ти була молода і в кінці вашого саду текла річка млинівка.. і що ти пішла прати, коли вже був сніг, і ти довго прала, виляскуючи праником далеко над водою, а потому тобі закортіло сильно скупатись, і ти не довго думала, скинула довгу полотняну сорочку і скочила у воду.. ти мені тоді не сказала, то було до Нового року чи після?. згадай мені, згадай, щось у мене було.. щось я ніби мав у руці, від чого лице моє аж пашіло..

Входить Молодий. Він розгублено мовчить, опустивши руки..

ДУ ФУ, заплющившись, декламує.

> ..з моїх босих ніг осипається земля..
> в алюмінієвій мисці мокне сорочка,
> і коли прогорнути небесну мильну піну —
> вода аж чорна..

Пригадай мені, пригадай, щось було у мене в руці, від чого лице аж пашіло..

І лише тепер ловимо себе на думці, що так і не бачили обличчя Ду Фу. На протязі всієї дії він сидить спиною до глядача. Тепер, слухаючи його голос, нам так хочеться, щоб він обернувся хоча б на якусь мить, одночасно усвідомлюємо усю небезпечність такого поруху. Ще більше за неможливість заглянути в його очі нас вражає його непорушність.. Молодий вибігає і вбігає.. Його фігура і рухи вже давно нагадують юного невтомного Меркурія. На цей раз у руках у нього слайдовий діапроектор. Ставить його на стілець і вимикає світло. На кахлевій стіні зображення темних плям.

Ду Фу продовжує декламувати.

> ..легкі, поблідлі бур'яни..
> зморщені, позеленілі сливи..
> поріділе волосся пирію,
> ще не вискубане вітром..
> ти їхній ровесник..
> торішнє листя.. —
> з якою ласкою ще вгортає його сніг..
> як запопадливо, перебігаючи від стовбура

до стовбура, ховається від мого погляду..
чи ти там.. чи ти там..

Слайди швидко міняються. Як хмари, пропливають обриси далеких гір, дедалі невиразніші. Зблискують тонкі, покручені ріки, безконечні лісові масиви. Уже щезає різниця між землею і небом. Тепер зображення нагадує аерознімки хуртовини, мороку. У темряві голос Ду Фу особливо самотній. За якийсь час кімната починає наповнюватися людьми. У темряві вони підходять до Ду Фу і мовчки обіймають його. Поступово тіні зливаються в один в'язкий клубок темних тіл у слизьких, обляпаних рідкою глиною плащах. Розбухає велика драглиста куля.. Тишу зрідка пронизує глибокий, притлумлений стогін.. Пауза. На авансцені знову Молодий. Його важко впізнати. Обличчя позбулося колишнього виразу багатообіцяючого крутійства, зникнув рум'янець, який він підновлював, не криючись від людей, половинкою столового буряка — тепер його лице пашить зсередини незнаним досі вогнем.

МОЛОДИЙ.

..ті що відходять,
своїм прощальним, відчайдушним поглядом
вириваючи нас із життя..
або ж у своїм плавнім польоті
фотографують нас у невиразному просторі,
байдуже покидаючи тут, далеко внизу,
ніби даруючи нам вічність..

Завіса

63

ДІЯ III

Інший час, інакші люди.. Кухня. Вона трохи глибше. Це будка, зліплена з бамбукових штор. Дірки завішені чимось, та все одно ясно — це кухня. Хоч звідти не тягне димом, ніщо не брязкає, і не гупає сокира. Хто знає.. Якби полатати її темним оксамитом, могла б нагадати й кабіну для таємного голосування.. А то й садову альтанку, обвиту хмелем, де під вечір хтось у самоті чекає на соловейка.. Але це глибше. А перед нами Столовий Зал. У ньому не конче мають стояти лавки чи столи — люди там можуть сидіти і на солом'яних матах. Та й людей зовсім мало.. І хто знає, що вони там їдять.. Але так він називається — Столовий Зал. А спереду, щоб нам не здалося, що й ми сидимо на підлозі у тому залі і чекаємо на вечірній чай — конче має бути грядка живої землі. Земля має бути зволожена і пухка. І заскороджена. На ній жодного знаку — ні людського, ані пташиного. Це має бути непереступним законом.. Але кожен погляд, кожне слово ні-ні та й замре на цій аж чорній магнетичній латці.. Далі вже, за нею — ліс, далекий світ.. Кухня темна і тиха. Може, ніч. Від неї віє пусткою, і важко повірити, що там хтось міг колись жити.. Але чого не буває.. Усередині спалахує світло, сліпучий вибух у мороці. Загули, забамкали бамбукові дудки на шторах. Усередині, як у могутній прямокутній жінці, почалися роди. Вона випручується і тремтить. Але замість стогону зовсім несподівано високий дівочий спів. Він уривається сміхом і сльозами.. Вона, мабуть, сама не своя.. Чисті, безслівні уривки арій. Їх дуже давно тут ніхто не чув.. Та й чи був то спів? Важко повірити, що в самій Пекінській Опері міг озватися кращий голос.. І раптом звідти вибігає дівчина. Вона на собі не має нічого і починає Танок Нічного Сонця.. Хіба без неї воно може не зійти? Але звідки, поки добігла, на ній взявся такий халат, якісь старцівські ланці? Може це сон? Вона закружляла волохатим метеликом у нічнім саду, блискавично розкидаючи на підлозі Столового Залу миски. Усякі, більші, менші, зовсім крихітні.. Та сліпуча, із гострими, як лезо, вінцями, а та навпаки — незграбна, закурена, як величезний валун у бистрім потоці.. Видно, вони з різних епох, і та, що найближче до нас, очевидно, найглибша.. Вона метнулася назад до кухні, звідти вигулькнула з гримучим оберемком ложок. Підбігає до кожної миски і губить по ложці, співаючи.

ДІВЧИНА.

> Тебе нема, днесь чарівна весна,
> А в моїм серцю залишилася туга..
> Ти відійшла у незнану даль..
> А я лишилась, та й мій рідний край..

Витанцьовує поміж мисок. Здається, вже всюди по ложці.. Але вона знов і знов перебігає, хапає миски, знов розкидає, співаючи.

Нині, нині мами нема-а..
Нині, нині вдома сама-а..
Прийди, як тільки сонечко зайде,
Як місяць зорі розішле,
Прийди до мене в останній хоч ра-аз..

Несподівано підбирає добру половину мисок і відносить на кухню. Звідти вертається з глибоким алюмінієвим баняком і ставить його посередині Залу. У руці довга закурена копистка, вона мішає нею щось на дні вибамкуючи. Вона стоїть над баняком і довго в нього дивиться.. Її личком пробігають світляні брижі. Здається, вона ось-ось ускочить, шубовсне в купіль. Але видно по її тілі, як вона вагається. Що вона там бачить?. Чого так довго стоїть? Чекає, поки роз'яснієься дно?. Вона навіть урвала спів і не дише.. Зривається і щодуху пропадає десь далеко. Її довго нема.. Аж десь із глибини поволі народжується спів.

Ой заходь, коханий, устонька пода-ай..
Поцілунок зразу змінить світ у ра-ай..
Ой заходь, коханий, і нікого не цурайся,
Ой заходь, коханий, устонька пода-ай..

Співаючи, вона виходить зі снопом молодого очерету на руках. Підходить до баняка, хапає звідти копистку і жбурляє її у кухню, тоді засовує весь сніп усередину. Очерет не дається. Вона обходить, поправляє пишні стебла, трохи нижчі за неї..

Я бачила його лише раз. Учора він заїхав до нас у залізнім агітфургоні з конем.. Як він прорвався?. Але ні.. не було чути гавкоту.. і мовчала сирена. Але хіба може мовчати сирена?. Сюди можна впустити, і надовго. Але звідси.. Тим краще, він буде довше, набагато довше, ніж він думає..Я бачила по воді: кола ніяк не сходилися, глухо бовтались.. І на дні розбурхалася темна хмара і довго не сідала.. Він буде тут довго.. він буде тут довго, як цей очерет там, звідки я його принесла.. Він такий добрий.. Він узяв лагідно за руку і запросив до себе, у фургон.. і там розповідав про інший світ, далекий-далекий.. А потім звів залізними східцями вниз і показав на коня.. дивись, він каже, яка в нього збруя.. Які в нього могутні груди.. І він підходить до коня і кладе руку йому на бік.. І тоді він простягає другу руку до мене, щоб я підійшла і торкнулась його руки: Ти чуєш, як сіпається його бік? Скільки він світу перейшов — чуєш?. І раптом вихапує руку і вилітає на коня одним скоком.. і провисає у нього на череві головою вниз.. Я його бачила вчора лише раз.. Єдиний раз.. Він узяв мене за руку і спитав, чи поїхала б я з ним.. Чи б ти поїхала зі мною.. до мене, у далеку любу землю.. І тоді.. І тоді я очима попрохала його попросити знову, так.. І тоді він попросив, чи я.. так, кажу, так, мій горній цвіте, і найперше я обняла його раменами, так, і пригорнула його додолу, до себе, аби міг чути мої перса, їхній пахощ.. так.. і серце його забухкало, як у шаленця, о так, я сказала, я хочу.. Так.. Ще він сказав, що ми одні у цьому лісі.. Але там, за Великою Рікою, уже все інакше.. І що збирається туди завтра після вечері на танці і хоче взяти мене.. Він каже, там буде грандіозне нічне шоу, зберуться з усієї Західної Провінції, там буде весь Південь і Схід.. І що я там засліплю собою всіх.. Він так і сказав: «Ти засліпиш там усіх..» А я чомусь думала, що там, за північною Брамою, ще дрімучіший ліс. Правда, ночами я чула крики десь звідти.. але була певна, що то наші пси роздирають заблуканих.. *(Розбурхує над собою довгі вороні коси).* Він сказав, там танцюють інакше..Може, так? *(Ривком скидає коси наперед і вся зіщулюється.. Її руки загубилися під косами, здавалося, чорні скойки перлівниці збираються задушити глибоко всередині захований плід.. але що відразу за цим могутнім стиском один видих — і вона вся розтулиться, і перлина спалить усіх.. Але ніби злякавшись тої близької миті, вона, така ж зіщулена, темна, не відгортаючи кіс, підбігає до очерету і навпомацки припадає до нього, у його соковите зілля.. Висмикує добрий жмут і розкидає над собою.. Вона хапає ще і ще.. Її нападає шал, може вона хоче зірвати із себе кухарську шкуру, але щоб її заслонив хоч очерет.. Стебла ламаються, падають на свіжу, чорну грядку землі..Вона довго нічого не бачить — що вже сама толочить землю, її босі ноги вже давно чорні.. Напад шалу уривається, як і почався: вона раптом бачить свої сліди. Вона падає на коліна і гарячково визбирує, пригладжує сліди долонями.. Вона хоче все повернути як було.. Очеретяною китицею заскороджує довго стоптану землю.. Вона витягає з баняка решту стебел, улазить усередину, нагинається і , трохи присівши, вимиває ноги.. Вилазить, знов устромлює очерет.. Заколює ззаду волосся.. Поправляє надламаний очерет..).*

Він каже, в далеку дорогу.. у світ.. Але хто йому покаже ту дорогу?. Ту справжню дорогу.. Хіба не дальша.. хіба не дальша дорога до мого лона?. І чи побачить він гори.. без мене?. Гори і глибокі ями.. Він хоче мене забрати у далеку землю.. Але він не знає, де вона.. Чи він має належати їй, а не мені?. Він не знає, хто я.. Він не хоче знати.. Він каже, що може все простити.. Але він не знає, що я можу.. Чи я можу простити.. Чому він утік з тої далекої землі.. Він каже, шукав.. шукав мене всюди, все життя.. Але він не бачить.. Він весь час оглядається.. У нього очі дивляться назад.. Він давно вже їде назад! Але хіба не найвища гора тут?. Я можу показати ще вищу гору.. Мене малою прозвали Вогняною Феєю.. Я під своїм вікном посадила чорнобривці.. Я їх викопала коло тої ями, де загрібають утікачів.. Я перенесла їх уночі й посадила під вікном.. там була ще мальва.. Я не можу більше чекати.. Я вся горю.. Він загориться в моїх обіймах.. Він ніколи не вернеться.. На моїх очах цей очерет блякне.. Я бачу, як він палає.. Але він цього ніколи не побачить..

Заходить Молодий. Його важко впізнати. Це зовсім інша людина.. Хоч ті, що знали його очі, могли впізнати його відразу.. Але, може, вони були єдині, що пам'ятали його давні очі.. У нього на очах легка пов'язка.. Вони сходяться на березі чорної земляної річки і розминаються, не торкаючись одне одного, кожен продовжує сам свою далеку дорогу.. Вогняна Фея, перехоплюючи його пильний, проникливий погляд на землю, продовжує свій монолог.. Вона рухається паралельно до нього, стрімко, ривками.. Вона жалить його кожним словом..

Я бувала там кожного разу, як закопували.. Вони хотіли, щоб я була там кожного разу.. І після того давала їм їсти.. Вони хотіли, щоб я давала все їм своїми руками.. і щоб кожного разу була з кожним..

МОЛОДИЙ. Мене послали до Великої Ріки. Я прибув до Великої Ріки пізно надвечір. Я довго сумнівався, чи переходити.. Але мій кінь голодний.. Я розпряг його і він, заточуючись, зайшов у воду.. Я сидів на березі в очереті і не знав.. Але я бачив, як він п'є.. І як він дивиться поверх води на той берег.. І як він покликав. І тоді почав сходити повний місяць. Він зійшов над Великою Рікою, і я відчув, що маю ввійти у воду і йти за ним.. Хоч би що чекало на тому боці..

Коли ми перебиралися, була ніч, і не вмовкав соловейко.. Нас ніхто не перестрів, хоч десь далеко чув постріл.. Але де світ обійдеться без мисливців?. Мене лише здивувала ця чорна розбурхана земля.. Вона вся здиблена.. Вона вся піді мною дихає.. Я ще ніколи не бачив такої землі.. Вона підводиться назустріч, але коли станеш на неї, вона завмирає.. і раптом відчуваєш, як затягує всередину.. Мені темніє в очах, невже я так і не зустріну тут нікого?.

ДІВЧИНА. Я скопала під вікном і перенесла звідти холодну м'яту. Я весь час думала, що то холодна м'ята. Вона мала грубе шорстке листя, і воно пахло.. Але коли розрослася вище за вікно, я побачила між листя згустки і з них бризки крові, і я зрозуміла, що то червона рута.. Вони дуже люблять квіти.. І ще я звідти принесла кущ любистку, але він не прийнявся.. Я люблю садити квіти.. Я люблю їх доглядати..Я люблю їх нюхати пізно ввечері і на зорі. Я нюхаю кожного разу кожну квітку.. до того, як іти до них.. У це важко повірити, але останнім часом я втомилася.. Я втомилася їх нюхати. Вони стали довше затримувати коло себе.. Вони пахнуть ще густіше і неохоче випускають мене зі своїх обіймів.. І я мушу випручуватись.. Але від їхніх пахощів не відбудешся.. Вони найгустіше пахнуть надвечір, і я цілу ніч борсаюсь у квітах. Вони затягують уві сні до себе, у землю.. Ту, що з вечора я так рясно поливала.. Вони ніби хочуть мене вберегти від чогось ще страшнішого..

МОЛОДИЙ. Ми лише побачили тут здичавілі сади у кропиві і жодної людини.. Я бачив, як раптом із землі вирвався півень, весь у червоній глині , він розчепірив крила і кинувся довбати у череп зіщулену лисицю, аж поки не розтерзав її пишне хутро.. Я бачив, як весь час кудись бредуть корови, спиняючись лише, аби народити, і знову рушають далі.. Вони всі були червоно-вохристі, усі одної масті.. Ми йшли за ними, бо я сподівався, що мають відчувати недалекі вже гори.. Було дивно, що вони позаду лишають соковиті луки, а під деревами винні купи груш і яблук.. Але, видко, високе сонце їх весь час гнало далі, далі, до тих прохолодних печер, де кожен з нас у прохолоді зможе заснути, трохи вгамуватися, і вві сні дочекатися сходу сонця, вже з іншого боку.. Але вчора, вже над

68

вечір, ми несподівано стріли тут жінку. Вона весь час співала.. Її спів був навіть кращий.. О, наскільки він був чистіший навіть як у самій Пекінській Опері, коли я ще зовсім зелений закохався.. і кожен вечір пропадав у їхнім підземнім склепі, вони його називали між собою «Комариком,» там можна було замовити трохи вина, і я там чекав, прислухався до легких, повітряних кроків на крутих східцях зі сцени, звідки вона спускалася, ще не урвавши своєї арії.. і замовкала лише в моїх обіймах, відпивши ковток.. Ні, він був інакший, той спів.. То була зовсім інша мова, це правда.. Але спів ніколи не уривається.. І коли ми стріли ту жінку, я раптом відчув у собі бездонний голод і такий самий, ще глибший голод мого коня.. І я очима попросив її нагодувати нас..

ДІВЧИНА. Він сліпий!. Куди він іде?. Він мене не бачить!. На моїм тілі тисяча очей!. Вони за кожним деревом!. Я йду, і тисяча очей наближається!. Я відходжу — і вони відходять!. Кожен хоче бачити!. Кожен мріє, щоб зірвався темний смерч і засліпив моє око.. Моє глибоке лоно.. Вони вже вертаються!. Я чую, вони вже вертаються, щоб знов мене забрати до тої ями.. Уночі я чула крик.. Мені приснилось, я віддаюся Великому Джмелю в густому кущі червоної рути і ніяк не можу виплутатися зі своєї вогняної спідниці і розпанахую її зубами.. І тоді я прокинулась, і почула той страхітливий крик.. І я зрозуміла, що його вже немає.. Що він уже мене не побачить.. Я.. Я не смію.. Я не можу його нагодувати!. Я не смію нагодувати сліпого!. За це чекає всіх нас ще більша.. ще страшніша кара, ніж вони заслужили від нього.. Чому їх так довго немає?. Тепер вони йдуть по нас обох.. Вони вже все знають!. Вони обходять здалеку, щоб надивитися востаннє!. Вони чекають, щоб я ще його нагодувала..

Молодий і Дівчина зупиняються навпроти. Він простягає перед собою руку, але в останню мить вона відсахнулася за сніп очерету посеред зали..

МОЛОДИЙ. Переходити річку то тут, то там — і рвати однакові квіти.. Мені здається, тут хтось є.. Хтось привів мене сюди.. Я ніколи не ходив сам у темряві.. Я не можу сам ступити навіть кроку.. Але я знаю, я не спав і йшов цілу ніч.. Обминав кожне дерево.. Мене жодна гілка не вдарила в очі.. Хтось вів мене.. Пам'ятаю, як вийшов з дерев — земля почала підійматись.. І я поповз угору.. Земля була свіжа, пухка.. і я в ній провалювався, в'язнув, я ніколи ще так близько не дихав свіжою землею.. Вона дихала підо мною.. Мені здавалося, що то міг бути якийсь курган.. Ще свіжий, бо на самій горі не було трави.. Я виповз і аж там мене наздогнало сонце.. І я довго стояв там на вершку, відігрівався.. Я дивився в гору, на нього, і мені здалось, ніби я знов починаю бачити.. Я стояв довго.. Аж відчув, що мої ноги в'язнуть у землю.. І я скотився вниз.. Може, то був покинутий могильник.. Може, колись там ящур викосив худобу, і вона вся там лежала.. Я не міг сам зайти аж сюди.. Може, я йду знов до Великої Ріки.. Увійти до неї. Мені здається, чую запах далекої води..

    ..сам? ні, я не сам.. а може, сам?.
    та ні, не сам.. хто сам — я? тільки не я!.
    серед лісу? вечір? близько ніч?
    зривається вітер?
    де.. що там за річкою?. хтось втік?.
    вечір.. ніч близько..

Підходить до очерету, обіймає його, занурює в нього лице..

Я знов у Тобі.. і тепер я вже не хочу з тебе виходити.. Я лишаюся в тобі і вже ніколи не заблукаю.. Я можу ще йти далеко, але вже знатиму, що йду весь час у тобі.. По шию у прохолодній зелені.. Аж тепер я можу трохи спочити.. *(Осідає на землю..)*

Вислизає Дівчина зі своєї схованки. Похапцем загладжує долонею заступлену Молодим землю.. Здалеку чути шум , кроки.. Дівчина схвильовано кружляє.. Шум зростає.. Дівчина дуже хоче заховатись і не може.. Знов починає арію.

ДІВЧИНА.

    Ой заходь, коханий, устонька пода-ай..
    Поцілунок зразу змінить світ у ра-ай..
    Ой заходь, коханий, і нікого не цурайся,
    Ой заходь, коханий, устонька пода-ай..

Урочисто заходить чоловік. Він увесь слизький, задрьопаний рідкою грязюкою. Незважаючи на поранену ногу, його хода широка, як у водяного павука.. Його лице темне, заросле густою щетиною.. Він витягує соковиті губи, прицмокує, ляскає соловейком.. З усього видно — голодний.. Він заходить якось стрімко, боком, глибоко загрібаючи ногами.. Дівчина розгублено стоїть посередині.. Чоловік підходить, угинається в глибокім поклоні, на розтуленій долоні сяє перстень.. Дівчина повертається до нього спиною, вона не візьме з нього нічого.. Поволі відходить, наспівує сумно.

Грає море зелене,
Тихий день догора..

Чоловік якусь мить чекає, низько похилившись у поклоні, завмер з перснем.. Стрімко зривається і бігом зникає, звідки прийшов.. За якусь хвилю звідти вимривається весь у сліпучо-білій накидці, у високій оксамитовій чалмі.. Хто він?. А може.. може, це сам автор «Сатанинських віршів»?! Чалма від бистрої ходи розплутується, спадає важкою хусткою з китицями йому на очі.. Він поспішає, падає їй до ніг.. У його розтуленій долоні — каштан.. Він опускає його до землі, котить їй до ніг. Дівчина відстрибує, бридливо і шумно, наче від миші.. Підбігає до очерету, висмикує звідти грубу лозину, біжить до нього, шмагає все його тіло, хльоскає по руках, б'є його маленькими босими ногами, штиркає кулачками під боки. Вона схлипує і крізь сльози сміється.. Вона ось-ось розридається від великого жалю.. Вона рвучко випростується і довго, невидюче дивиться на незграбну гору перед собою, що заклякла в німій просьбі, і вся сповита в білій оксамит, глибоко нещасна. Вона довго, німо оглядає себе, може в цій горі на колінах побачила себе.. Вона вже зрушилася до нього, щоб, може, погладити його.. Але кидається в протилежний бік, підбігає до Молодого, що, скорчившись, лежить долілиць, і, схлипуючи, пестить його лице, цілує в очі.. Молодий, здається, спить, уві сні йому щось увижається, він усміхається щасливий.. Дівчина зривається на ноги, біжить кудись до себе, на кухню. Звідти приносить облізле хутро якогось чорного ведмедя і вкриває Молодого, як дитя.. Лишає його, підходить упритул до землі, дивиться вниз.. Щось промовляє до себе пошепки, осідає на коліна.. Набирає в жмені землі, підносить до лиця.. Вона сама не своя. Розсипає знов свої коси.. Глухо зойкнувши, падає до землі.. Борсається в землі.. вимащує себе з ніг до голови землею.. Увесь цей час трохи далі Великий Джміль заклякв у глибокім поклоні.. і коли шал охопив Дівчину, він ще очікував.. Далі підводиться, і сліпуча накидка сповзає йому до ніг. Він голий, порослий довгою шерстю.. Кидається в різні боки, як випущений нарешті з темниці тигр.. Повертається, звідки прийшов, і приносить кілька великих мисок чи відер, повних жовтої, чорної, білої, червоної землі. Його хода пружна, рухи певні. Він підливає до землі води, розминає її.. Починає мазати себе червоною землею. Різко, роздряпуючи тіло. Груди, шию, волосся.. Він харчить від злості, що ніяк не може замазати собі весь хребет.. Він не може дотягнутися до своїх лопаток.. Хапає білу землю і маже собі лице.. Потім перемазує все червоним, вуха, очі, брови.. Вимахує головою, стріпує руками. Кидається до жовтої землі і нею на бігу обмазує все довкола снопа очерету у воді.. Його тіло здригається у корчах, розбризкуючи кров по стінах.. Здається, хтось щойно відрубав йому голову.. Вибігає знов назад, вертається з дрючком, цілим стовбуром, спиляним у його зріст, гладким, ошкуреним.. У руці в нього якесь дерев'яне чи залізне калатало.. Він прив'язує себе животом до дерева, затулившись ним од усіх, молотить калаталом по своїм дереві.. Це ще свіжий, сучкуватий таран, вистромлений угору.. Він глухо гуде.. Але до дерев'яного чистого дзвону несподівано додається гул, гарчання далекої машини.. Він поволі врочисто підходить до Дівчини, обіймає її, підводить.. Вона вже притихла, зводиться.. Вони йдуть обнявшись, заточуються.. Вони обминають очерет і поволі прямують до кухні. Вона ще пробує спинитись і вже не випручується, промовляє тихо.

ДІВЧИНА. Я ще хотіла там.. пересадити на ніч красолю.. Коли я вернуся.. Чого ви забираєте сьогодні так рано?. Красолю і нагідки.. і майори.. Підходить їхня пора цвісти.. Їх пересаджувати можна лише вночі.. Коли б ви мене відпустили трохи раніше.. Мені б не хотілося лишати її такою.. такою невпораною.. Мені соромно.. Я не знаю, коли тепер буду..

Чоловік не слухає її, твердо веде на кухню. І там, за бамбуковими ширмами чути, як щось велике гупає об підлогу.. Тим часом наростає гул машини.. Він переходить усякі межі людського вуха.. Може, це знов невідома нам сирена?. Чи з неба падає ще одна, на цей раз точніша, комета Галлея-2?. Здіймається вихор, підіймає хмару землі.. Порожня зала, пустка.. Лише десь чути сплаканий, утомлений голос дитини.. Молодий і далі лежить непорушно вглибині, прикритий чорним, волохатим хутром.. Кожух облізлий, але ще теплий. І він, цей прикритий горб, ще дихає вві сні.. І коли нестерпний свист згори досягає апогею — до зали вривається..зграя мисливців чи сторожів, з усіх боків падає до мисок. Падають один на одного, у мокрих слизьких плащах.. Припадають і змішуються, голодні, в один в'язкий темний клубок.. Вони, мабуть, щось знаходять у тих мисках, бо перелазять один через одного, звиваючись від насолоди.. У них розпачливі голоси сойок і вивільг, може, їм мало.. Мало.. і вони знов і знов сплітаються між собою.. Раптом різкий постріл з глибини, від кухні — і всі метушливо зриваються й пропадають, як не було.. Лише розтоптана земля і поламаний очерет.. Тиша.. Знов заходиться далекий дитячий плач, ледь чутний.. Він притихає, але не мовкне.. З кухні вислизає Дівчина. Вона з ніг до голови кутається в сліпучу оскамитову накидку в темних плямах.. Вона крадькома підбігає до Молодого, відгортає кожуха, цілує навколішки, знов прикриває лице і ставить коло нього на підлозі миску зі смаженою рибою.. Сама втікає назад на кухню. Звідти чується погрозливий рев.. Молодий прокидається. Він сідає і бачить перед собою пахучу рибу. Починає їсти.. Риба справді добра. Можливо, амурський сом. Він їсть і їсть, ніколи ще не їв такої смачної.. Виходить Дівчина. У неї в руці біла пластмасова каністра. Дівчина вся висока, у довгій прохолодній сукні в рясні квіти. Ставить каністру перед ним. Молодий витягає затичку і п'є.

ДІВЧИНА *(сміється).* Вам що, снилось, може від вас забрали мамину цицьку? Бо мені звідти, з кухні, наче вчувався плач дитинки.. Я знов і знов вибігала, але бачила лише вас..

МОЛОДИЙ. Мені снилось, я зайшов у глибокий, дрімучий ліс. І там посеред лісу я вибрів на галяву і на ній стояла..

ДІВЧИНА. Хіба не я? *(Сміється).*

МОЛОДИЙ. Ви довго тримали своє вино?.

ДІВЧИНА. Я могла його ще довше.

МОЛОДИЙ. І доки?.

ДІВЧИНА. Поки тече Велика Ріка.. *(Сміється. З кухні лунає глухе, погрозливе гарчання..)* Почекайте, я прийду.. *(Біжить на кухню).*

МОЛОДИЙ *(сам).* Мені приснилося, що я впав лицем у землю.. І що зібралися довкола ворони.. Вони падали недалеко і походжали по траві. Між ними була ніби одна галка, а, може, й ні.. І кожна навшпиньки підходила до мене аж під вухо і пильно придивлялася до мого ока, чи темніє хоч у кутку волога щілина?. Але я стис їх, як міг, і привалив аж по брови землею.. Вони прилетіли здалеку.. Я не розумів їхньої мови.. Вони когось шукали?. І тоді стали мене просити полетіти з ними і показати того, кого вони насправді шукають, якщо я був саме тим, кого вони не застали на тій галяві.. І я хотів крутнути головою — ні, я не полечу з вами, я вас не знаю!. Але раптом відчув, що можу кивнути лише ствердно, бо вони вже навалилися на голову.. Але хто міг мені сказати, де є той інший я, хіба я знав? Хто ще міг мені підказати?. *(Підводиться, загорнувшися з головою у ведмежу шкуру. Але всю його постать, велику темну гору, починає раптом хитати. Він робить кілька непевних кроків, заточується, падає.. Спалахує сліпуче світло, висвічує вглибині низькорослі сосонки. Молодий пробує ще встати навколішки).* Я не можу встати.. Уві сні вони підхопили мене із собою, і я вже далеко.. Вони надули моє тіло іншим духом — запахом марноти, зношеного, мертвого пір'я.. Я не можу навіть стати на коліна. Я бачу під собою лише байдужу блакитну сліпучість.. І там, унизу, поміж кволих підстрижених сосонок, десь має бути інший я.. Я не впізнаю себе!. Хочу народитися знову! Де моє прадавнє тіло?. Я падаю.. Я не бачу ніяк Великої Ріки.. Я падаю.. Я хочу впасти в неї! Я хочу так увійти в нічне дзеркало, щоб не відколоти жодної бризки!. І якщо вже піді мною лише суцільний, безмежний місяць, відбитий у хвилях — то чому мені ще так темно тут?. *(Хоче зірвати з себе ведмежу шкуру..).*

Знов чується дитяче квиління, знов погрозливе гарчання і знов сердешні дитячі хлипи.. Між них устряє невидомою флейтою дівочий сміх і пісня.

ГОЛОС ДІВЧИНИ.

> Тебе нема, днесь чарівна весна,
> А в моїм серцю залишилася туга..
> Ти відійшла у незнану даль,
> А я лишилась, та й мій рідний край..

Молодий нарешті зриває з себе шкуру. Під нею якісь білі ланці, видно, спідня білизна, аж чорна. Він хоче і її здерти, але не слухаються руки, падає на груди голова.. Нарешті зубами і руками таки розпанахує її на грудях, виповзає з неї.. А під нею ще темніє давня, вже невідомо, чи то зелена, чи синя уніформа.. і за поясом у нього, здається, брязкає залізо.. Похитуючись, він ще пробує войовничо розмахнутись, але замість бойового крику з його вуст чути майже шепіт.

МОЛОДИЙ.

> Я — подонок.
> Я писав колись про багульник,
> Що розцвітає на далеких сопках..
> Тепер я у віддаленій провінції..

(Він падає. Його останні рухи сповнені гідності і грамонії.. Павза..)

Виходить Дівчина. Але мабуть, вона нічого не бачить. На її очах сльози.. Вона сміється і плаче.. Вона ходить і приглядається до всього, але, здається, нічого не бачить.. На ній тепер сукня холодного цитринового відтінку. Осінній повний місяць..

ДІВЧИНА. Я його бачила вчора лише раз.. Єдиний раз.. Він узяв мене за руку і спитав, чи поїхала б я з ним.. І тоді.. І тоді я очима попрохала його попросити знову.. так.. І тоді він попросив, чи я.. так, кажу, так, мій горній цвіте, і найперше я обняла його раменами, так. і пригорнула його додолу, до себе, аби міг відчути мої перса, їхній пахощ.. так.. і серце його забухкало, як у шаленця, о так, я сказала, я хочу.. Так.. *(Схиляється до його очей)*. І ще ти сказав, сьогодні за Великою Рікою танці..

Неохоче розгинається, виносить миски, поламаний, знівечений очерет.. Вертається незадовго з кошиком чорнозему. Висипає на витоптану землю. Приносить ще і ще, аж поки знов земля не стає чиста і свіжа.. Вона, видко, щось згадала, бо дзвінко засміялася і кинулася кудись у пітьму.. Що вона принесе цього разу звідти?. Повний поділ яблук? Чи довгий, аж до землі, вінок цибулі?. А може подушку? Прохолодну, з тонким пахом чебрецю чи рути?. Хто знає.. Вона виходить і вертається.. І завжди щось приносить.. І ще вона набере свіжої води, і там, де колись стояв розсмиканий стіг очерету, поставить таке, що найбільше личить останньому часові: сніп з півоній чи з того очерету, ще буйнішого і соковитішого.. І вряджаючи новий букет, вона заспіває.. І голос її буде чистий і довгий, як перший сніг.. І їй може навіть здатися, що вона сама.. одна-єдина на цілий світ.. Та коли раптом її голос урветься, вона в тиші почує чиїсь дуже далекі кроки.. І вона зіщулиться і сховається за букет.. І тоді здалеку, з-поміж дерев вийдуть чи виплинуть дві постаті в місячному сяйві.. У чомусь світлому, може, в спідніх сорочках аж до п'ят, вони підходитимуть довго, так, ніби й нас уже немає, хоча ще не стих шум за нами.. Чи присядуть вони недалеко, на грядці чорної, розпушеної землі? Хто знає.. Може, проминуть собі і розпалять вогонь трохи далі?. Чи здивовані недавнім співом таки оглянуться?. Але ніхто не насмілиться вийти їм на очі.. І тоді хтось із них може тихо промовити:

Все видно, рукою доторкнешся — а ніби ніч..
І тільки очерет блищить на сонці..

Завіса

III

ЛИС

Ще день такого сонця,
І можна буде спати в лісі..
Попереду, в кінці березової алеї
Вертаються з нічної роботи
На Глеваху дві жінки,
Поволі обходять понад край глибоку калюжу,
І одна таки оглянулась: хтось знов
Понуро плентається, чужий..
Але ще далеко..
Раптово сходять убік, на галяву,
У торішню траву — і засміявшись,
Нижча приклякла на коліно,
Піднесла до ока щось темне і подивилась
На високу, біляву, ще молоду,
Розстібнуту на сонці..
За звислими аж до землі ліщиновими сережками
Не видно більше нікого..
Вже не бояться — як тут закричати,
То з крайнього двору почують..
Важкі червоні кури кубляться у кущах,
Випорпують у глиці глибокі вирви..
Учора у мурашник при дорозі
Хтось кинув щось, ведмедя чи пса,
Якусь плюшеву цяцьку, і ще виднієтся вухо,
Решту вже засмоктали..
Знову хтось ворожить..
Я бачив недавно тут розтрушені клаптики
Чийогось листа чи угоди —
Роздерті дрібно-дрібно..
Так яструб учора на самоті в гущавині
Потрошив щось мале,
Любуючись спіднім білосніжним пухом..
Учора вийшов на згарище —
Все вже пригасло, і лише з одної купини курилось..

FOX

Another day of this sunlight,
And one could sleep in the woods..
Far off, at the end of a birch path
Two women are returning
To the village from the night shift —
They pass slowly the edge of a deep puddle
And one of them turns: again,
Some stranger at a distance
Drags himself behind them..
Suddenly, they leave the road and enter a clearing
Of late winter grass — laughing, the younger one
Kneels, lifting something close to her eyes
Then looks at the taller one, blond, still young,
Unbuttoned in the sun..
Among the hazel's catkin earrings
Drooping toward the ground
No one else in sight..
But they are safe now — if one cries out,
Someone from a house would hear..
Fat red hens grub in the bushes,
Burrowing in a stretch of deep holes..
Yesterday, someone put a toy, a stuffed dog
Or bear, in an anthill by the road, an ear
Still visible, the rest of it swallowed up..
Somebody's conjuring a spell again..
Not long ago, I found a contract
Or letter there, scattered,
Torn to bits..
The way a hawk now, alone,
Rips up something small,
Savoring the down, white as snow in a thicket..
Just yesterday, I crossed a slag heap,

Довкола звуглені сучки
Хрумтіли як попечені собачі ребра..
Я підійшов:
В обвалену вирву очманілі мурашки
Падали і падали, здавалося, з усього лісу
Стягували до себе жар..
Поволі розгріб зверху попіл,
Засунув усередину руку,
І там, між обірваних волокон,
Намацав притихле, ще тепле серце..
Знову самогубство..
Мені здається, хтось у Києві,
На другому кінці лісу, знову ворожить:
Я повертаюсь звідти мертвий..
На вулицях частіше бачу неживих..
Подаю руку, мені всміхаються мертві очі..
Відсуваються в метро трохи вбік,
І разом перепливаєм Велику Воду,
Лише зблисне на горі Лавра..
Раз на чотири дні там ночую,
А вдень гуляю у монастирськім саду..
Комусь, видно, не подобається,
Що я топчу
Над Ближніми печерами молоду траву..
Певно, і ті дві жінки так і подумають:
Якийсь чужий
Завмер над мурашником і ворожить
Недалеко від тої глибокої калюжі,
Як іти на Глеваху..
Що можна ще подумати?.
Що він шукає ті давні гори?
Чи хоч тіні тих гір?.
Малим до них було недалеко,
В ясну погоду їх було видно —
Трохи темніші за хмари..
А як смеркало, в однім і тім самім місці
Над ними спалахувало щось більше за зірку..

Burned out, with one hill still smoldering..
All around, charred crags
Crackled like the scorched ribs of dogs underfoot..
I stepped closer
To a sunken burrow.. Stunned, angry ants
Were falling, tumbling as if ruining,
Running to gather the glowing embers of a whole forest..
Slowly, I raked the surface of ashes,
Then pushed my hand inside
And there, among the roots like severed veins,
Touched a quieted heart, still warm..
Again, another life taken by its own hand..
Seems as if in Kyiv, on the opposite side of the woods,
Someone never stops conjuring spells..
I come back lifeless from the city..
In the streets I often meet the dead..
I offer my hand, dead eyes smile back,
The dead, pushing themselves, making a place for me
In a subway car.. In procession, we cross the Great Water,
Leaving the Lavra far off, as if floating behind us..
Every four days I spent a night there..
At dawn I walked a monastery garden..
Perhaps, someone didn't like
My walking on the young grass to the upper crypts..
These two women certainly disliked me,
Thinking, That was the stranger under a spell,
Sitting upright on the anthill, not far
From the deep puddle on the path to the village..
What else would they think?.
That he was searching for mountains,
Or at least the shadows of them?.
The mountains were not so remote when he was a boy..
In clear weather
They were not much darker than clouds..
At dusk, and always in the same place,
Something glowed above them,

Казали, що там день і ніч горить..
І якось вибрався, сам,
І зайшов над вечір у густіший ліс,
Між молоді вільхи.. то вже був чужий ліс..
Я роздивлявся і не міг пізнати..
Починалися мочари..
Усе чуже.. і десь, може, за двадцять кроків
Перед собою за вільхами побачив
Голого чоловіка, старого і колись, видно, повного,
Бо шкіра звисала на ньому..
Він сидів у мурашнику, на високій купині,
І дивився якось убік, на кущ
Трохи виряченими очима.
Скривив губи, але ніби всміхається..
Обвислі груди
Були вимащені якимсь слизом..
А на лиці свіжий, майже дитячий рум'янець..
Може, сп'янів від мурашиного оцту..
Мені здалось, він може вбити,
Як почує, що хтось підглядає..
Підглядає, як стає молодим..
І я кинувся назад..
О, знову зграя червоних англійських курей
Заходить сміло між сосни..
Все глибше і глибше.. жуки в гарячці
Вивалюються з горла..
Очманілі по зимових печерах черви
Ще довго звиваються у кишках —
Лише зблисне півняча шпора у мокрій ямі,
А так хотілось десь тут полежати на сонці..
Дивно, вони нічого не бояться..
Їхні півні закликають далі і далі..
Але тепер — якби хтось побачив мене тут,
За сосною, — що б подумав? —
Чого він тут ховається?
Ще один втік?. втік звідти?.
Ховається зарослий по лісі і зголоднів?.

Something more than a star,
Burning nights and days..
Once I set out alone
And entered at sunset the thickest part of the woods..
Even the young alders seemed foreign..
Looking around, I did not know
Even the marsh where I stood..
And a dozen or so steps ahead,
Beyond the alders, I saw suddenly
An old man, naked,
His wrinkled skin hanging from him..
Perhaps he was fat once..
He was sitting high on an anthill
And stared wide-eyed as if
Looking at a bush from the corners of his eyes..
His lips curved, he was trying to smile..
His cheeks clean and pink as an infant's,
His sagging breasts seemed glazed with grease..
Perhaps he was drunk on the vinegar of ants..
He seemed capable of killing anyone
And I watched from a distance..
And it seemed as if, as a kind of rejuvenation,
He were shedding his skin..
And I rushed back deeper into the woods..
Oh, again that rabble of red English hens
Moved unafraid among the pines, where beetles
Tried feverishly to escape the beaks; and numb
And still, after a winter's sleep, grub worms
Churned soon in a gut after the quick
Gleam of a cock's claw on the dampened ground..
Yet it seemed a good place to lie in the sun..
Strange, though, how fearless the hens were..
Their roosters calling them farther and farther on..
What would someone think, just then, seeing me there
Behind a pine — Why is he hiding?.

Через окіп, що символічно відгороджував
Своїм насипом ліс від людей,
Повагом перебралися дві білі, роздуті на вітрі..
За ними, позіхнувши, вийшла із залізної брами
Розповніла жінка у попелястій пуховій хустці..
Зішкрібує граблями землю..
Несподівано підняла голову в мій бік
І вишкірилася до лісу,
Голосно чмихнула, відганяючи когось від себе..
Спалахнув старий бур'ян, дим заслонив її двір..
І тут недалеко, з-за диму,
На насип вийшло щось..
Тонше але вище за курку,
Видовжений якийсь сизо-зозулястий павичик..
Але хвіст не тягся по землі,
А стримів, як тупий саморобний ніж..
Він заглянув через усі дерева,
І наші очі зустрілись..
Ніжне, ясне підгорля ворушилось у вітрі..
Пух довкола округлого дзьобика —
Щось схоже на заріст під носом у хлопця..
І відразу опустив голову,
Розглядає під сосною молоду траву,
Нагріту сонцем бляклу глицю..
Я стріпнув мокрі, кислі долоні від мурашок
І поволі піднявся,
Уже нема що робити тут, над цим мурашником..
У тіні за деревом ще пахло морозом..
Я відходив далі, глибше,
Не відриваючись від тої освітленої галяви,
Де похитувався його хвіст..
І знов піймав його погляд.. ясний, як сльоза..
Він удавав, що не бачить і ніби щось ковтає
Ослаблим горлом.
Заяскрівсь лісовий аґрус..
Довга ожина ще гола і холодна..

Is he another one escaped from over there,
Beyond the woods, and now
With a long beard and hungry,
He's holding out here? — Then two hens, white,
Wings wide in the wind, leapt solemnly
Over a mound, as if it divided the forest from people..
Following the hens, a fat woman,
Yawning, an ash-gray shawl on her shoulders,
Came out from an iron gate
And began to rake the leaves..
She looked suddenly in my direction
And grinned,
Then sniffed loudly like a threat..
Smoke from the burning weeds
Began to blur the woman and her yard..
Then through the smoke a shadow,
Thinner and taller than a hen,
Climbed the mound..
A speckled peacock, its tail
Fanned out
Like a blunt, homemade knife,
Gazed over the woods..
Our eyes met..
The soft, dew-moist air stirred in the wind..
The down beneath his small beak reminded me
Of down over the lip of a boy —
And quickly, he lowered his head
As if inspecting the young grass under a pine,
The pale needles warm in the sun..
I knocked the ants from my palms
Damp from the formic acid, and stood slowly..
There was nothing more to do on the anthill..
The shadow behind the pine still held the odor of frost..
I went farther, deeper into the woods,
All the while, keeping an eye on that bright mound
Where the hoisted feathers wavered..
Once more I caught his gaze.. soft as a tear,
He pretended not to see me, as if painfully gulping grain
Down a feeble throat..

Може, глибше, туди, ближче до Боярки,
По ямах ще закляк сніг..
Хоч там, де він пасся,
Мали, здавалось, уже розцвісти суниці..
Там далі — соковитіший, давній, справжній ліс..
Я заплющив очі і тихо відходив,
Але він не йшов за мною далі..
Може, боявся тіні..

There, glistening in a thicket, gooseberries appeared,
And a blackberry twig, bare and cool..
Perhaps snow was still hiding in the ravines,
Further away, close to Boyarka..
Though back there, where the peacock grazed,
Wild strawberries seemed about to bloom..
But farther on, the genuine woods, ancient and generous..
I closed my eyes and silently, as if step by step, departed..
The bird would not follow me..
Perhaps it was fearful of the shade..

КОРОП

Усе почалося з того,
Що в сусіда в ставку
Пішла чорна вода..
Його хлопці верещать,
З подертою сіткою на довгих патиках
Тягають тим волоком туди-сюди..
А став тісний..
Їхні півнячі голоски ще ніколи
Так не дратували..
Я ж чую, навпроти хата.. через ріку..
А що ти їм скажеш?.
Як придуріли.. їх аж трясе та риба..
А по обіді підійшов і господар,
Так, каже.. хтось підсипав чогось,
Ти знаєш, який тепер народ..
Щось там є на дні,
Бо щойно на моїх очах
Вийшла з дна величезна булька і бухнула,
Якби щось прорвало там.. і тхне..
А, може, то хлопці збили?.
Ні, там на дні камінь,
І глибоко, я викопав так,
Що і мене закривало, десь на два метри..
А, може, то нафта?.
Може, докопався аж до нафти?.
Цілий день та чорна вода
Не давала мені спокою..
Ні з того, ні з сього пустилася горлом кров..
Під вечір роблю псові вечерю:
Пішов до річки, набрав води..
Трохи скислої юшки з грибів..
Хліба накришив..
Він мав би вже звикнути..

CARP

All began at daybreak,
As black water flowed
In my neighbor's pond..
Though the small pond's cramped with pokeweed,
His boys kept squealing,
Trailing their broken nets
Back and forth on long poles..
Their cockerel voices bothering me as never before ..
My hut just across the river.. I had to listen..
What else could I do?.
Who would they obey?.
They were crazed,
Dying to catch that fish..
At noon my neighbor came, the host himself..
Yeah, he says,
By the crowd we've drawn
Something's certainly down there,
And right before my eyes, he says,
A large bubble rose from the depths
And burst, stinking as if
Something had foundered down there..
Your boys, I say, just stirring up the mud?.
No, he says, The bottom's stony
And rather deep — I dug it so
Just to cover me over,
Six feet above..
Maybe it's just crude,
You dug all the way down to oil? I asked..
All day that black water
Gave me no peace.. I can't explain
Why blood gushed there from my throat..
At sunset, I prepared supper for the dog:
Went to the river, brought back water,
Crumbled some bread, added soured
Mushroom sauce.. something he was used to..

Став перед будкою.. Рекс.. Рекс..
Рекс, ти тут?. Рекс..
Ти ще не здох?. тихо..
Я поставив їжу на землю й чекав..
І як стояв там —
Угорі, в набряклому грозовому небі
Приглянувся до ясної, золотавої хмарки
Понад шовковицею..
Ті, нижчі, розбурхано проминали,
А вона одна над ними завмерла.. одна..
І я подумав: ти така ж, як..
Як був донедавна я..
Повна.. достатня..
І я хотів мати себе..
Як я хотів колись мати свій став..
Хоч на один крок..
А сусід.. хіба він не мріяв?.
А лише як роздався зад
І перса виповзли на живіт — аж тоді
Таки викопав на два метри став..
А я не маю.. а ти?.
Чи ти й була моїм ставом?.
Небесна шовковице..
Ти вже вернулася з Індії?.
Я пішов спати..
І вночі він зірвався..
Я давно спав.. і скочив
Гарячий зі сну і лише чую вітер,
Підіймається страшний нічний вітер,
Але де? з якого боку?.
І я виставив руки проти себе,
І чую, він пролетів крізь мене,
Але навіть не зачепив,
Як би тут і не був ніхто..
І кинувся до річки..

Then I walked to the shed.. Rex.. Rex..
Rex, are you are here?. Rex..
You don't want to die?. *silence*..
I put the food on the ground and waited..
And standing there — I saw hidden in the dark sky
Of a gathering storm, as if my eye
Were caught by a clear light,
A golden cloud over the mulberry..
The low clouds passing quickly, but this cloud
Alone above them all was quieting..
And I thought to myself: You're just..
Just as I was once..
Whole.. self-sufficient..
I wanted only to possess myself..
How eager I was to have
My own pond.. a step wide..
And my neighbor..
Didn't he dream once of owning his?.
Only now when his butt is wide
And his chest creeps over his belly, like breasts..
Only now is his pond dug
Six feet deep..
I own no pond.. And you,
Heavenly mulberry,
Were you to have been my pond?.
Have you returned so soon from India?.
I went to bed..
And late that night the dog broke loose..
I'd been sleeping for a long time.. and hot from sleep
I ran outside, and stood
Hearing only the wind rising,
A fierce, black wind,
But from where?. From which direction?.
I stretched out my hands
And without a touch
Felt him pass through me,
As though I weren't there,
And rush to the river..

Гупає.. обвалює берег..
Знов крізь мене назад і вперед..
Лише бамкає обірваний ланц..
Толочить когось,
Вивалив язика і нюхає, нюхає кропиву..
О, тут усе нічне життя..
Чи той усміхнений на всі ікла писок
Ніколи не знав, скільки темно-синіх крилець
Річкової бабки мерехтить у нічній осоці?.
Чи як блимає заголена литка
У сонної жаби?.
І скільки хвостів
Випускає водяний щур, булькнувши
У нічну воду?.
Я пішов спати..
Знов ліг у темне ліжко..
І не міг заснути..
Старий чорний крутій..
Як він усе обдумав.. ще, може, зранку,
Як пішла у ставі темна вода..
І він чекав до вечора..
Поки йому не приніс їжу..
І не озвався з будки..
Моє тіло раптом стало тісне..
Те, що мав, мало бути більше..
І я зібгався клубком,
І затиснув до крові кулак,
І чекав, щоби він розбух..
Але він не повнився..
До мене знов просився всередину,
Той давній простір..
А я вже набагато менший..
Ще ніколи не було такої тяжкої ночі..
І десь вже над ранком
Не давала спокою одна-єдина думка:
Я не витримаю так далі..

Running back and forth,
He was smelling, smelling the stinging nettle,
As if smiling, touching it with his tongue.
I heard the sound of his broken chain..
Oh, here is all of night's splendor..
Doesn't that fanged snout know
The number of dark, blue wings on a dragonfly,
Sparkling in the night sedge?.
Or how the naked thigh
Of a sleeping frog gleams?.
And how many tails does a river rat stretch
When plunging into the night waters..
 I went back again
To my dark bed..
 But couldn't sleep..
The old black swindler, I thought,
How brilliantly Rex had thought it through..
Perhaps, in early morning
When the dark water flowed into the pond..
And he waited patiently until evening..
Until I had brought him food,
And he gave no sound from the shed..
Suddenly, in the bed my body felt cramped..
What I owned was to be much more..
I curled my body, as if into a ball,
And clenched my fist
With my nails,
Waiting for it to fill,
But no blood flowed..
Again, an old depth
Was asking to enter me
But I'm no longer that large man..
Never before have I had such a heavy night
And towards dawn there was
But one thought:
I can't endure it anymore..

Лише коли він вгамується
І осяде чорна настовбурчена шерсть —
Аж тоді похилиться на бік хребет
І, поволі кружляючи,
Я ввійду в небесний став..

Not until his barking stops
And his black tousled fur is smoothed —
Only then would my back turn
A little to one side,
And in slow circles
I would enter the heavenly pond..

ЛЕБІДЬ

Боже, я відходжу..
Мене вже не тримає на собі ця дорога..
Я вже не такий п'яний..
Місяцю, не тікай..
Вийду з-за сосни — ховаєшся..
Зайду — світиш..
Зачинаю бігти — стоїш за мною..
Стану — нема..
Лише темні сосни..
Сховаюся за сосну — знов ти сам..
Я є — тебе нема..
Нема..
Нема..
Є..
Нема..
Є.. Нема..
Я не вмію так яскраво проминати!.
Зачекай.. мені так хочеться
Постояти під тобою..
Може, ти не бачиш мене?.
Ось нога —
Хіба не зблискує дротик на черевику?.
А в ньому не біліє гола кістка?.
Я хочу закурити і не маю..
Нагинаюся і не бачу..
Тут недавно ніби прогупотіли люди
З нічного поїзда —
Невже ніхто нічого не загубив?.
Я допалю за когось..
Дивись — я нахиляюсь раз за разом
І обмацую землю..
Ні.. знов порожня гільза від папіроси..
Знов щось крихке..
Чиясь порохнява кістка..

SWAN

My God, I'm vanishing..
This road won't guide me anymore..
I'm not so drunk..
Moon, don't go..
I appear from behind a pine — you hide..
I step into shadow — you appear..
I run — already you are behind me..
I stop — you're gone..
Only the dark pines..
I hide behind a trunk — again, you're alone..
I am — you are elsewhere..
Absent..
Absent..
I am..
Elsewhere..
I am.. absent..
I can't pass by so brightly!.
Wait a while.. I want so much
Just to have you above me..
Perhaps, you don't notice me?.
Look: here is my foot —
Doesn't the copper lace gleam on my shoe?.
Doesn't a bare bone whiten inside it?.
I need a smoke..
Bending, I find nothing on the ground..
It hasn't been too long since
People walked home from a night train —
Someone might've dropped something..
I'll smoke it after anyone..
Look: I'm bending low again
And again I touch the dirt..
No, an empty paper sheath..
Something fragile again..
Someone's moldering bone..

Чому нікого не пошлеш?.
Чому не дзвонить нічний велосипедист?.
Будь ласка — я відступаюся..
Місячна дорога вільна —
Я почекаю..
Отут якось під сосною
Надибав чарку-стограмівку..
Далі дорога розходилась,
А чарка була посередині..
Я лише підніс її і понюхав..
Може, налита мені?.
Тепла.. гранчаста..
Хотів було взяти, але передумав..
Отут уночі якось вирвав із коренем
Суху сосну й поволік..
І коли підтягав її до Глевахи, закрапало..
Мене спинив тихий спів..
На дорозі стояв хтось і розгойдувався..
Те місце над калюжею найтемніше,
Над нею низько якесь деревце —
Не то здичавіла вишня..
Він співав і дивився на воду в піні..
Я протяг сосну через калюжу,
А другою рукою підтримав торбу —
У ній бовталася пляшка
Ніби червоного вина..
Він не відступивсь і далі співав..
Може треба було там стати
І затягнути разом?.
Може, він знайшов якраз
Те єдине щасливе дерево?.
Ніхто ж не знає, де воно і яке..
І кому дано його знати..
Я ніколи під ним не стояв..
Навіть щоб хоч перечекати дощ
І підглянути, як між краплями
Пухнуть тихі бульби..

Why don't you send someone?.
Why doesn't night's bicycle give a ring?.
Here you are — I'm stepping aside..
Your road's free now..
I stand out of the way..
Here once, under the pines
I found a glass shard..
Farther on, the road forked —
The shard lay just in the middle..
I simply took it.. I smelled it..
Someone might have poured it up for me..
Fine.. faceted..
At first, I wanted it, but no..
Here, once at midnight, I hauled out
A dry pine with roots, dragged it home,
And very near the village, drops of rain caught me..
Suddenly, I was stopped by a quiet song..
Somebody stood, swaying slowly on the road,
In the darkest shadow by a puddle,
And low above it a small tree grew..
It might've been a wild cherry tree..
He kept singing, watching the puddle fill..
I dragged the pine through the water,
And with my other hand steadied my sack,
Where a bottle of red vino dangled..
He didn't move, but kept on singing..
Should I have stopped there
And joined his singing?.
Had he found
The one happy tree?.
No one knows where it grows —
Or what it looks like..
And who is allowed to recognize it?.
I never stood under it,
Even to wait for rain to pass
Or watch between the drops

Він підвивав і розхитувався на місці..
Дерево його не хотіло пускати.
Інакше б він упав..
Але тоді перестав би дощ..
Він таки витанцював свій дощ
Під тим деревом..
Я не вмію так..
А може.. то був вовк?.
А тут якось між соснами
Оглядалась і бігла старша жінка..
Повні ноги були ще її —
Але вище був лише розкуйовджений
Оберемок півників..
Зіпрілі діти обіймали її шию,
Мляво звисали на плечі..
Заколисані на грудях,
Присипані жовтою пудрою,
Кліпали сонні повіки..
Вона пливла, повна ясна хмара,
І я за нею, гойдаючись
Так само на її грудях,
Засинаю, пригрітий..
Як вона несе поволі
Щось останнє, найрідніше,
Аби заховати у тінь,
Щоб не зайшов надто гостро
В хлипкі розтулені легені
Цей світ..
І одночасно мені здалося,
Що вона вийшла і тікає
З мого серця..
Раптово зникаючи з цілим світом
По цій дорозі,
Де вже не пройде ніхто..
Мене не було тут цілу зиму..
Я зумів заховатись..
Трохи далі — отам..
За найвищою сосною,

The silent froth appear..
Swaying, he kept on singing..
Otherwise, he would have fallen
And the rain stopped..
He danced his own rain
Under that tree..
I can't do such things..
Perhaps it was a wolf?.
And once among the pines
A woman ran, looking around nervously —
Plump legs were still hers,
And hugging her neck
And hanging over her shoulders,
Hiding them loosely,
Was an armful of irises
Lulled on her breasts..
Dusted with pollen, eyelids of the flowers
Blinked heavily, nodding off..
She was floating, a huge light cloud,
And sinking into that fervent dream
I rocked gently on those breasts..
She ran carefully as if carrying
Something intimate, a last treasure;
She plunged into shadow,
Harboring the small, weak lungs
From the deep incisions
Of this raw world..
And it seemed at that moment,
When she came out, she ran from my heart,
Disappearing suddenly, with the whole world
Waiting on this deserted road..
Last winter, I wasn't here..
I could escape..
Just a little farther on — over there,
Beyond the tallest pine,

Під Великою Ведмедицею,
Якраз, де вона стрімко падає
Головою вниз..
Цієї зими щось розгорілася Венера
І гнала мене все далі і далі на захід..
У Данцігу я ніяк не міг знайти
Хоч якісь черевики —
Бачиш — мідним дротиком перев'язаний
І діра коло великого пальця..
Я всюди заходив і питав,
У кожні важкі різьблені двері
З кришталевим дзвоном..
Але хіба догодиш цій нозі?
І нарешті зайшов у твій музей
Над самим каналом..
Трохи загрітись, бо не переставав
Їдкий дощ..
А більше не було нікого..
І там у кутку під шклом
Саме підсихала пара задубілих капців,
Після того, як відлежали
Десь у багні чи торфі на тому світі,
А ті ноги, колись у них узуті,
Певне, закам'яніли..
Гостроносі, зґрабні,
З хвилястими зав'язками..
Від них не можна було відірватися..
Трохи далі стояли
Поховальні урни — темні такі горшки
З намальованими очима і вушками,
Проткнутими, мабуть, кістяною швайкою..
І з них звисали грубі мосянжні сережки..
Вони всі були як одна
Велика родина,
Що розсілася десь на галявині у лісі
Пообідати свіжим кабаном..
І я кожну обходив

Under the Great Bear
Where the impetuous Venus,
Head down, descends..
That winter, she burned violently,
Hurrying me farther westward..
In Danzig I didn't find any shoes..
Look here: this one's tied with a copper wire..
There's a hole near the big toe,
And though I entered all
The carved and heavy doors with crystal rings,
What can satisfy this foot?.
At last I entered your bright museum
Over the river channel
Just to get warm. The cold rain
Seemed not to stop,
And no one was there..
But in the corner, under glass
A pair of tall boots was drying
After lying idle somewhere
In a peat bog or a swamp..
The feet that owned them
Are stones now
Under rippled laces,
With sharpened toes..
I couldn't stop staring..
Near there stood burial urns —
Such dark pots,
With eyes painted and small ears, etched,
Perhaps, with a bone awl..
And rough bronze rings hung from them..
The urns seemed one large family
Settled in a forest meadow,
Feasting on a wild boar..
Astonished, I looked,

І оглядав зачаровано..
Гарні.. дуже гарні..
На кожній разки дрібного,
Видко, колотого — як мишачі ікла —
Непрозорого бурштину..
То були урни з душами
Убитих молодесеньких дівчат,
Що після кабана раптово здулись
І в кожної розв'язався пуп..
Чи хтось тепер повірить,
Що я там колись був?.
Що моїй нозі було так вільно
У тих капцях?.
А моя душа так пильно не
Заглядала у кожен горщик?.
Тоді, після музею,
Вже не було куди дітись,
І ввечері схолодніло,
Зима є зима, хоч і без снігу,
Лише той їдкий дощ,
Я дочекався, поки стихне,
І аж тоді пішов..
Уже темніло,
Я минув низькі покручені сосни,
І під кожною випорпана шахта,
Де колись залягав пластом бурштин..
Але деякі, може, поглиблені
І лисами.. в одну таку нору
Мало не впав..
І їх якось минув..
Уже було темно,
Як підійшов до краю землі..
Не було жодної душі,
Лише мокрий пісок..
Я сів.. і довго дивлюся перед собою..
Так тихо..
І раптом з густого туману

Each to each..
Fine.. truly fine..
And each wore a string of cloudy amber
Small, split like mice fangs..
And these were the urns with souls
Of very young girls
Sacrificed after their meal..
Each one suddenly swollen..
Does anyone believe
I have been there?.
That my feet felt so comfortable
In those shoes?.
After such a museum
There is nowhere to go..
It grew cold toward evening..
Winter was winter without snow,
Only that pungent rain..
I waited until it died,
Then I left..
Darkness was falling..
I passed under low, twisted pines..
Under the trees, mines were dug
And maybe, in a few,
There once lay a seam of amber,
And a few perhaps
Were deepened by foxes,
And I came close to falling into one..
Then I was passed them..
It was night
When I came up to the shore..
I saw no one..
Only the damp sand..
I sat a long time, looking out..
Such quiet..
Then from the thick mist

Випливає лебідь..
Повернув голову..
І так само згас.. раптово..
Його високо піднята шия
Була останнім променем..
Чи дозволив мені той охоронець увійти?.
А як він подививсь!.
І вже не було нікого..
І тоді зірвав усе із себе і ввійшов..
Припливу не було.. ні.. навпаки..
Усе відходило і тягло за собою..
Під ногами раптом осунулося дно,
І я потонув..
І я вивернув очі з самого дна,
І щосили повіками обійняв
Усе відразу море..
Ми були з ним
Лише безмежно розтягнуті очі,
Без дна і неба..
І тепер, коли вертаюся знов
Цією нічною дорогою,
Я ніби ще не стулив ті повіки..
Хто там за сосною мене чекає?.
Знову п'яний і без нічого?.
О, візьміть мої очі..
Я можу вступитися..
Скажи, як можна вийти звідси?.
Лише зайти у тінь за сосну?.
Так легко?.
Але хіба це не назовсім?.
Чи мене давно нема?.
Що звідти і не вертавсь?.
А хто тоді вернувся?.
І в той день.. ні, пізніше,
Я довго не міг зважитися..
Але потім таки відхилив хвіртку
І попросив у Мані яйце..

The swan appeared on the water,
Turned its head,
Then began to fade again,
Its high neck lifted
Was the last ray..
Did that attendant let me go?.
What an odd glare it gave!.
And afterwards, with no one there,
I took off my clothes and went in..
There was no tide,
All receded, lugging me out..
Suddenly, the floor gave way, crumbling beneath my feet
And I went under..
Turning my eyes from the bottom,
I embraced the whole sea at once..
Our eyes opened to endlessness,
No sky, no ground..
And now, coming back
On this night road,
I can't seem to close those eyelids..
Who waits for me
Behind a pine?.
Drunk again, with empty bands..
Oh, take my eyes —
I can step aside..
Tell me, how does one return?.
Just step into the shadow of a pine?.
Like that?.
Won't it be forever?.
Is it me?. Have I come back?.
But then, who has returned?.
And that day.. no, a little later,
When at last I pushed the wicket gate
And asked for an egg
And had a hundred rubles to my name,

І в пазусі мав сто рублів..
Вона пішла в курник
І винесла аж три.. а нічого не взяла..
Лише так тяжко подивилась
І каже: однорукий Дергач
Лишив тут недалеко свою хату
І ходить тепер просить у поїздах..
Як сумно..
А в нього завжди були
Такі спокійні ясні очі..
Ця дорога знов і знов кудись веде..
А я вже відходжу..
Куди змучений чоловік уночі
Може відходити після моря?.
Що йому лишилось?.
Хіба що гори..
Як тяжко опускатись і підійматись..
Я мацаю на землі,
І знов лише тіні сосен..
Я переступаю щораз ту саму сосну..
Вже починаються гори?.
Чи то був лебідь?.
Як він підніс шию..
І заслонив навіть небо над морем..
Не знаю.. я лише ввійшов і відходжу..
Дивись, я розкинув руки
І підіймаюсь до тебе..
Боже.. я падаю..

And Maria went to the hen coop
And brought me three eggs,
And took nothing..
Only looked at me,
Telling how our one-armed neighbor
Left his house
And now begs alms in the trains..
How regretful..
So self-assured, his gray eyes, like a child's..
This road is calling me farther and farther
But I must leave..
To what place can a man return
After the sea at night?.
What is left for him?.
Mountains, perhaps..
How tedious the walk is, up and down..
I feel the road under me,
Finding only the shadows of pines again —
Again and again the same shadow..
Were these the mountains?. Have they begun to rise?.
Was it the swan
Lifting its neck..
It overshadowed even the sky over the sea..
I don't know.. I've just entered the sea and am departing now..
Look at me —
— I am spreading my arms
And rising to you..
My God, I'm falling..

ЛЯЛЬКА

..Чи він просто так сказав про того хлопця?.
Може й так.. тоді в тому віці
Мені було все цікаво..
Він навіть показав мені той хрест,
Де зарубали його косою..
Горбок.. I на нім угрузлий камінь..
Ми ходили нераз попри нього до лісу..
Довкола росло ніби якесь жито,
Дуже низьке.. але зате багато маків..
Зверху їх ніби й не видно,
А зайдеш усередину й оглянешся —
Самі лише маки..
I якось він каже:
Це все було одного чоловіка — поле, ліс, усе..
I в нього був син..
I той мав якусь тяжку хворобу..
Яку, він не казав.
I батько посилає хлопця десь у Європу
До дуже знаменитого лікаря..
Але разом із ним передає
Таємного листа, аби той отруїв хлопця..
Але по смерті хай зніме маску з сина
I передасть сюди,
Аби тут її добре поховати..
Тим часом син одужує..
I тоді лікар обдурює батька —
З виздоровілого сина робить маску
I пересилає сюди..
Батько хоронить урочисто, з процесією
Забиту наглухо в труні білу ляльку..
А син лишається там..
Підріс.. вивчився..
З нього там могли бути великі люди..
Але минає час, і сина тягне назад..

DOLL

..Was it by chance my father mentioned that boy?.
Perhaps.. At the time
I wanted to know everything..
He had even shown me the small hill
And the stone cross as if plunged there,
Where the boy was struck by a scythe..
We used to pass that place as we walked to the woods..
Around us, the fields were covered
With something like rye, low to the ground,
But there were poppies — hardly seen from a distance,
And once we were in the fields, the poppies were everywhere..
And he said once
This land was owned by one man —
Fields, woods, all of it,
And the man had a son
Who suffered from a serious illness,
Yet he wouldn't tell me the son's disease..
The father sent his son to someplace in Europe,
To a well-known doctor..
With the father's letter, a request was enclosed
Asking that his son be poisoned
And a mask be made from his dead son
And sent back to the father
For a proper burial..
But on the journey the son recovered
And the doctor deceived the father
By making a mask from the healthy boy,
And sent it to the father
Who, with a procession, buried it solemnly,
Like a white doll locked in a coffin..
The son remained far away
Grew up.. was educated..
And there, would have been an immense success,
Yet as time passed he missed his home

І звідти, аж із Німеччини, пішки
Вертається сюди..
Обідраний, схудлий,
Раптово з'являється в цих лісах..
Вже інакший, змінений..
Чи він мав на тілі якийсь родимий знак?.
Бо ніби якийсь косар упізнав його
І відразу доніс батькові..
І той сказав, аби там-таки, в лісі
На місці його забили..
І він нічого не знав,
І кажуть, десь тут, на полі,
Хлопи зарубали його косами..
А вже пізніше хтось поставив тут хрест..
.. А вечорами я любив слухати
Про одного чоловіка —
Як той скаче на коні зимою через ліс
З рідним сином на руках,
І син поволі в гарячці вмирає..
І з високих дерев, засипаних снігом,
Його кличе до себе вільшаний цар..
Він читав, коли я довго не засинав..
Спочатку по німецьки, для себе,
І перепитував, чи я вже сплю..
Він прилітає на коні додому,
А сина на руках вже немає..
Як я любив тоді так засинати..
А тепер він мене не впізнає..
Може, не подобається мій голос?.
Хоч я більше за нього мовчу..
Або запах.. чужий запах..
Мені й самому не подобається..
Я зайшов якось у чистий
Молодий сосновий ліс..
Того літа.. ходжу між соснами
Розглядаюсь.. пізнаю, де колись ходив..
Отут сидів заєць.. тут лягав

And from as far away as Germany
He returned barefoot.. Exhausted
And changed, as if he were somebody else,
He appeared suddenly in these woods..
It must have been by his birthmark
Which a farmer recognized at once
And sent word to the son's father
Who again ordered that the son be killed,
Just there, by the woods..
And people say nearby is the place
Where the farmers struck the son with their scythes..
And later someone planted the stone cross..
..Nights, how often I enjoyed the story
Of another man riding his horse through the winter woods,
And in the man's arms his son
Dying slowly with fever..
And how from snow-filled trees
The King of the Alders would call to him..
And when I couldn't sleep my father read to me
In German for his own pleasure..
He would stop and ask if I were sleeping,
Then return to that story, picking up
Where the man on a horse arrives,
His quiet son in his arms..
How good it was to fall asleep to that voice
And now he doesn't know me..
Perhaps my words are strange to him,
Though I never talk much..
Or my smell now, such an odd smell
That turns him away..
Last summer I entered the woods
Through a young stand of pines
And began to identify the trees
Where a hare used to sit,

У чорниці і їв лежачи просто з куща,
І кожен кущ горілиць
Був як розлоге дерево
Із темносиніми мокрими яблуками..
І раптом цей запах..
Я ще оглянувся: чи нема нікого за сосною?
Ні, нікого.. запах старого,
Занедбаного тіла..
І навіть літній ліс не перебив його..
Може бути.. я приїжджаю до нього як попало,
Завжди вночі.. щоб не бачив, у чому я..
І цей запах за мною..
Чужого марного життя..
Але то не мій.. мені здається,
Хтось невидимий інший
Весь час проситься бути зі мною..
Ти вже їдеш? ти хоч маєш якісь гроші?
Так, кажу, маю..
Ая, маєш.. і засміявся до когось у двері..
І на другий день поїхав назад..
Прокидаюсь — у вагоні сам..
Сів на лаві, обхопив коліна..
Ніч.. де він тепер ходить?.
Знову напився?. чого ти так п'єш?.
Ти, бідний, не знаєш?.
Добре, більше я не приїду..
Взувся на босу ногу..
Йду до тамбура.. мокра, нерівна стежка..
Розхняблений туалет.. зайшов..
Здригається розколене дзеркало..
Хто зайшов зі мною?
Хто за плечима зачісується
Так невміло і довго розглядає на долоні
Мертве волосся?.
Мені можна виходити?.
Так, іди попід вікнами і не озирайся..
Я бачу лише залізні закурені вікна,

Where I would lie down and eat
Blueberries where the bushes seemed
Large trees with ripe, dark-blue apples..
Suddenly that odd smell was there,
So strongly that I thought someone
Might be hiding behind a pine: No one was..
It was the smell of a decaying body..
Even the scent of summer woods could not diminish it..
He would ask me, Are you leaving already,
Do you have money?.
And I answered, Yes, I have some,
And he smiled to someone else behind me..
I returned often, usually at night,
As not to be recognized,
And that smell of a stranger's wasted life
Seemed mine, but it wasn't..
I believe now that someone unseen
Wants always to be by my side..
The next day I went away..
 I awoke alone on the train
And sat up on the beach, embracing my knees..
It was night and I wondered where my father wandered now..
Drunk again — why does he drink so much?.
As if I didn't know..
Well, I won't be back any more..
I put my shoes on over my bare feet
And set off toward the end of the car,
Down the damp, crooked aisle..
The restroom door was flung open..
A cracked mirror hung inside..
Who's entered beside me? I thought..
Who's combing his hair so clumsily behind me?.
Who's staring so long at the limp hair on his hand?.
I waited, asking myself should I leave,
Oh, I thought of another car, long ago..

Але своєї лави не бачу..
Бо її вже давно нема.. і це вже інший вагон..
Тепер я нічого не бачу..
Я бачу лише одне велике вікно..
На все небо..
І в ньому там, зліва, горить Венера..
Вона як останнє зимове яблуко..
І ввесь час, як би не повертався,
Вона там.. і лише вона.. одна..
А Місяць зринає, лише коли переїздимо ріки..
Що це за потайна ріка, без кінця?.
Це Рейн? чи вже Вісла? я такої не впізнаю..
Де люди? хто мені підкаже?.
Вертайся.. ще не пізно.
Куди.. знов до Німеччини?.
Приїхав, а тут ще сніг..
І лише визирає з нього
Довгий радісний хвіст петрушки:
Ну що, приїхав?.
Ну а ти як.. перезимувала?.
До тебе в гості хтось підходжав?.
А де наші миші?
Заходжу, а тут усе догори ногами..
Ну, думаю, заходжусь таки ще раз..
Усе як є повишкрібую..
Як нема нічого, то хоч те, що є,
Буде зблискувати..
Хоч ти є.. нагрів води..
Сиплю грубої солі на закурену чашку..
Тернув коло вушка — аж на чорній щоці
Розквітнув мак.. І пуп'янок угинається
На тонкім стеблі..
Сяє як після дощу..
І на вінцях золочений поясок..
Трохи понадкушуваний..
Повертаю з другого боку —
Бліда, як крейда, щока..

Then left walking by the windows, not looking back,
Only the iron-framed, dusty windows..
I couldn't find my bench..
I came to a large window
As if it covered the whole sky,
And glittering, far off,
Venus hung there
Like one of last winter's apples..
It seems always to be there alone, always glittering..
The moon emerging only when the train crosses rivers..
Are they one secret river, with no end?.
And is it the Rhine, the Vistula?.
 I don't recognize such a river..
Where are the people who will say
You ought to come back.. it is not too late..
Wohin? Back to Germany?.
But I returned finding the snow still here
And my cat, the only creature around,
Skinny and happy, with a tail spry as parsley..
And how are you, I asked. Got through the winter?.
How are our mice?.
And entering the hut I found the place a mess..
Well, I thought to myself, I'll have another try
And scour all I can..
We've only a few things,
Yet what we have will glisten..
I am alive and that's enough..
I heat water, and later,
Spread rough salt on the sooty cup and rub
Beneath the ear and over its blackened cheek
A poppy begins to blossom..
A bud bends low on a thin stem
And sparkles as after a rain..
A gold line runs along the rim
Bit slightly..
On the other side —
A pale, chalk-like cheek

А в подряпині під вухом сажа..
Скільки її можна трусити?.
Ще як їхав, ніби не куріло,
А тепер ніби щось усередині обвалилось..
Розколупав грубу,
Пхаю руку по саме плече.. нахилився..
Аж в очах потемніло.. вивалюється..
Вивалюється на груди.. ворушиться..
Ніби добре вигріб..
І так як був, босий, у чорній сорочці
Вибігаю по глину, аби замазати дірку..
Добіг до купи, надовбав у відро,
І вже вертаюся через чужий двір..
Довкола сніг затоптаний..
І тут знову той запах..
Той самий запах старих кісток..
Я думав, звідти давно вибрались..
Чи міг там хто ночувати?.
Але у сусідній димілось..
Там, кажуть, ще давніше вбили чоловіка..
За гроші.. але він так їх стис у кулаці,
Що й у неживого не видерли..
І я минав якраз той двір,
Коли отворяються двері..
Я став і опустив відро на сніг..
Кажу — трушу сажу і надовбав у вас глини.
Видно, вони не проспались
Або думали, що надворі ніч..
А тут я.. може їм здалось, що то не я..
Одного я трохи знав.. він заплющився
І ніби його трясло сонце..
— Я не можу дивитися на твої ноги..
А другий, із роздряпаним носом, докинув:
— Сьогодні ж неділя..
Мені стало якось не по собі —
Він випнув щелепи і гірко скривився..
І правда — зустрітися в неділю

And over the ear, there's soot in a scratch..
Oh, the soot again..
There wasn't so much soot when I left home..
Will I ever rake it out to reach the back of the stove?.
Shoving in my hand, up to my shoulder..
The soot tumbling, tumbling out,
At last tumbling onto my chest as I stir..
As if something gave way inside,
I've made a hole now in the stove
And in my blackened shirt I rush barefoot
Outside for clay to seal the gap..
I run to the heap and shovel clay into a pail,
Then coming back across a neighbor's yard,
All around me the snow trodden down,
I sense again that smell..
Again that smell of old bones..
I thought the yard was deserted,
But smoke curls from the chimney of a nearby hut..
It's said that years ago a man was murdered there
For money.. the man clenched his fist so tightly
The money couldn't be taken from the dead..
And I'm crossing that yard
When the hut's door flings open..
I stop and put the pail down on the snow..
I say that I've just been raking out soot
And that I've taken a little of their clay..
Drunk, they're just waking to their senses,
Or perhaps they think it's night
And that I've simply appeared..
Perhaps they think I'm someone else..
One of them closes his eyes
As if the sun terrifies him..
— I can't bear looking at your feet, he says..
And the other man with a scratched nose adds
— You should know that today is Sunday..
He thrusts out his jaw,
Smiling bitterly..
— Really, he says, who feels lucky

З босим — хіба пощастить?.
— Слухай, у тебе щось є?.
Є, кажу, аякже! — і бігом із двору..
Треба їм щось дати..
Чому б не дати.. але що можна дати?.
У мене вже немає вина..
Я знаю, їх пече..
І вони знають, що мене довго не було..
Що я довго десь блукав по світі..
Відхиляю двері..
А вона з темної хати аж сяє..
Світиться сама —
Чиста.. щоки як натерті снігом..
Аж горять..
А може, її віддати?.

Meeting a barefoot man on a Sunday morning?.
— Look here, the other says, have you got what we need?.
— Oh, no doubt, I say, I certainly have!
And run from the yard
To find something to give them..
I must give them something, but what?.
Their throats are always dry, I know,
And my bottle is empty..
But I should have some money..
Wandering, so long, far away..
I pull open the door..
Alone in my hut
The white cup shines in the dark —
The cheeks.. clean, as if rubbed with snow,
Are glowing..
Perhaps, I will give them this?.

OLEH LYSHEHA is considered the "poets' poet" of contemporary Ukraine. A dissident and iconoclast, he was forbidden to publish in the Soviet Union from 1972 to 1988. Since then, his reputation has grown steadily to one of legendary proportions. Lysheha's poetry has been published in his collection *Velykyj Mist*, the anthology *Visimdesiatnyky*, as well as in the journals *Suchasnist'* and *Svito-vyd*. He has also translated works of such poets as John Keats, Henry David Thoreau, D. H. Lawrence, Ezra Pound, Robert Penn Warren, and Sylvia Plath into Ukrainian. He currently lives in Kyiv and Tys'menytsia.

JAMES BRASFIELD'S poems have appeared in such journals as *Antaeus, Black Warrior Review, Chicago Review, Iowa Review, New Virginia Review* and *Prairie Schooner*. His translation of Lysheha's "Swan" will appear in the anthology *Pushcart Prize XXIV*. As a Senior Fulbright Lecturer to Ukraine, he has taught at The University of Kyiv-Mohyla Academy (1993–1994) and at Yuri Fedkovych State University of Chernivtsi (1999); he teaches at The Pennsylvania State University.

Typeset at the Harvard Ukrainian Research Institute in Minion, utilizing Adobe PageMaker® 6.0 and Adobe Photoshop® 4.0 for the Macintosh. Cover Inset—"Swan" by Oleh Lysheha. Cover design and interior layout by Daria Yurchuk.

 **Harvard Ukrainian
Research Institute**

PUBLICATIONS OFFICE

From Three Worlds: New Writing From Ukraine. Edited by Ed Hogan, with Askold Melnyczuk, Michel Naydan, Mykola Riabchuk, and Oksana Zabuzhko. Hardcover, ISBN 0-939010-53-4. Softcover, ISBN 0-939010-52-6. [With Zephyr Press.]

Ukrainian Futurism, 1914–1930: A Historical and Critical Study. Oleh S. Ilnytzkyj. Hardcover, ISBN 0-916458-56-3. Softcover, ISBN 0-916458-59-8.

The Poet as Mythmaker: A Study of Symbolic Meaning in Taras Ševčenko. George G. Grabowicz. Hardcover, ISBN 0-674-67852-4.

Toward a History of Ukrainian Literature. George G. Grabowicz. Softcover, ISBN 0-674-89676-9.

To receive a free catalogue of all Ukrainian Research Institute Publications (including the *Journal of Ukrainian Studies*), please write, fax, or call to:

HURI Publications
1583 Massachusettes Avenue
Cambridge, MA 02138 USA
tel. 617-495-3692
fax 617-495-8097
email: huri@fas.harvard.edu
on-line catalogue:
http://www.sabre.org/huri (follow the publications path)